Rupert + Henrik Kramer: Service-Inspirationen
Erste Auflage, Mai 2010

ISBN 978-3-9810332-2-9

Bibliografische Information der Deutschen Bibliothek.
Die Deutsche Bibliothek verzeichnet diese Publikation in der Deutschen Nationalbibliografie.

Titelgestaltung: Grafik-Designer Heiko Rogge, Neuenbürg
Production-Management: Ernst-Ludwig Leinhos, Gechingen,
Illustration, grafische Gestaltung: Hellmuth Gittinger, Stuttgart
Druck: INTER ALIA GmbH, Vilnius, Litauen

Liebe Leser,

Im unternehmerischen Alltag sind wir niemals vor Überraschungen sicher. Ein Beispiel für unendlich viele ähnliche: da betreibt ein weltberühmter japanischer Automobilhersteller im Rahmen seiner Null-Fehler-Philosophie die Qualitätssicherung von Produkten und Prozessen bis zum Exzess. Und dann gibt's eine Rückrufaktion ungeahnten Ausmaßes, die alle Stakeholder ins Zweifeln bringt...

Ratschläge in Buch-Form für vielbeschäftigte Service-Verantwortliche? Man lernt ja im Service täglich dazu – „gerne" aus Situationen, aber aus Büchern?? Gewiss nicht aus Lehrbüchern. Die kommen uns Praktikern doch nicht selten als Leerbücher vor.
Alternativ-Vorschlag: während Sie insgeheim schon mit der nächsten GAU- oder zumindest Crash-Situation rechnen (müssen), unterhalten wir Sie mit 72 Essays, die den Service-Alltag humorvoll-satirisch abbilden und Ihnen dabei so manche gute Erkenntnis „hinter den Spiegel stecken". Motto: spielerisch lernen, mit der lockeren Unbefangenheit, die rechtes und linkes Gehirn gemeinsam aktiviert und zur Beschäftigung mit dem jeweiligen Thema anregt. Wenn uns das gelingt, hat das erhoffte Zusammenspiel von Autoren und Leser geklappt! (nur begeisterte Leser lesen gerne weiter).
Die bekannte Fachzeitschrift SERVICE TODAY hat viele der Beiträge dieses Buches in den letzten Jahren in ähnlicher Ansprache als „Themenanreißer" für den jeweiligen Heft-Schwerpunkt unter dem Leittitel „Die Zielscheibe" publiziert. Motiviert durch das gute Echo in der fachlich sehr kompetenten Leserschaft haben sich Herausgeber und Autoren entschlossen, dieses Buch zu präsentieren. Die Aufteilung des sehr komplexen Inhaltes in 72 einzelne Essays soll dem Zeit-Stress der Leser-Zielgruppe gerecht werden.
Motto: „bloß keine dicken Bücher!"

Bekanntlich schmeckt das feinste Steak auch nicht am Stück, sondern in adäquaten Happen, gut gewürzt. Wir wünschen uns, dass Sie sich mit gutem Appetit durch unser Menü Thema für Thema „hindurchfuttern" – und nachher die Adresse weiterempfehlen. Danke!

Übrigens: die Reihenfolge der Einzelartikel wurde - dem Spontan-Lese-Charakter des Buches entsprechend - nicht systematisch, sondern rein zufällig gewählt.
Eines noch zur begrifflichen Klarstellung: "Service" verstehen wir als Summe von Kontakten und Dienstleistungen zu einer gelieferten Leistung (...das seinerseits durchaus auch eine Dienstleistung sein kann). Der Verkauf („Sales") gibt demgemäß die Kontaktverantwortung pro Kunde mit dem Moment der Lieferung (ggf. Inbetriebnahme) an den Service („After Sales") weiter.

Viel Freude beim Lesen wünschen

Willi Fischer, Herausgeber

Rupert + Henrik Kramer, Autoren

Die Post-Krisen-Kontinentalverschiebung

Ach war das früher schön, so vor rund 250 Millionen Jahren! Wir waren alle eins. Ein großer Haufen homogener Biomasse, eingebettet im gelobten Superkontinent Pangäa.

Foto: fdecomite

Aber dann. Zellen teilten sich, Gehirne formten sich, die einen wurden schlauer als die anderen. Die anderen aber stärker. Die Eier wurden mächtiger als die Hühner, Inkubatoren verdrehten die Evolution. Die Kleinen fressen die Großen, die Jungen fressen die Alten, fast wie in der Automobilindustrie. Schwarze Löcher, die die Erde auf einmal von innen verschlucken sollen. Schwarze Kassen, die ganze Volkswirtschaften von innen aushöhlen. Verkohlt wurden wir ja ohnehin schon lange. Wer möchte sich als Rentner denn mit einem guten Gewissen auf eine Bad Bank setzen? Bei schönstem Wetter in einen Milliardensumpf fallen? Die Gedanken schweifen: was passierte nur in all' den Millionen von Jahren?

Inseln: das Land driftete auseinander, die Gesellschaften auch. Jeder für sich, alle alleine, zersprengte Welten auf einer Erde

Leere: das Inseldasein wurde eintönig, die Gene langweilten sich

Superlative: der Mensch rief nach mehr. Man brauchte Herausforderungen. Man war ja nicht umsonst den Grasfressern überlegen

Hierarchien: Ober stach Unter. Nicht nur machen, sondern machen lassen wurde hip. Commodity als logisches Ergebnis aus mehr Hirn und weniger Muskeln

Besitz: haben stand über tun. Macht besaß Anziehung. Aus viel wurde mehr – die Zinsen waren erfunden

Anspruch: wer viel hat, muss auch viel halten. Wer mal etwas hatte, forderte es zurück – oft auch mit Unverstand oder mit Gewalt

Geschwindigkeit: exponentielles Wachstum des Weltwissens, unaufhaltsame Beschleunigung wirtschaftlicher Transaktionen

Gier: noch besser und noch schneller sein als der Nachbar. Vorsprung durch Kohle. Turbokapitalismus

Schwindel: die Finanzmärkte sind schneller und anfälliger, unsere Gene kommen nicht mehr hinterher. Ungleichgewicht, Benommenheit, Angst, Ohnmacht. Dann wird halt mitgeschwindelt

Blähungen: künstliche Kurse, virtuelle Welten, Wertverschiebungen, Gigantismus

Knall: Immobilienkrise, Finanzkrise, Wirtschaftskrise, Arbeitsmarktkrise, Sozialkrise, Daseinskrise

Piraten: böse und gute. Anarchismus gepaart mit Protektionismus. Wilde Plünderungen und Schenkungen, von gekaperten Schiffen bis zur Abwrackprämie

„Die Natur holt sich alles wieder!", sagt der Biologe. „Die ganze Welt sollte saldiert werden!", sagt der Finanzexperte. „Wir sind Opfer unserer selbst gemachten Entropie!", sagt der Thermodynamiker. Ob beim Wetter oder an den Börsen: Ausgleichsströmungen müssen her, um den gefährlichen Grad der Entmischung wenigstens eindämmen zu können. Das heißt Sturm und Krise, aber auch Reinigung und Erneuerung. „Monetäres Purgatorium!", würde der Wall-Street-Theologe sagen.

Was brauchen wir für uns und unsere Unternehmen in diesen stürmischen Zeiten?

- Unternehmer, die im Wind nicht jammern, sondern zupacken. Mit gesamter Mannschaft!
- Kapitäne, die nicht nur Supertanker mit goldenen Joysticks lenken können, sondern auch Segelboote mit Holz-Steuerrädern – ganz ohne Servounterstützung
- Banken, die nicht als Sandbanken im Verborgenen lauern.
- Profit Center, die zwischen den hohen Wellen des Wettbewerbs und den Untiefen der Sandbanken kunstvoll hindurchsurfen
- Häfen, die sicheres Ladegut und professionelles Personal zu bieten haben. Eine Infrastruktur, die nicht im rekursiven Zickzack unterwegs ist
- Reeder, die ihre Organisationen nicht blindlings in Orkane schicken, sondern mit reellen Zielen antreten
- Hanseatische Kaufmannskultur, die einen fairen Welthandel erst sicherstellt. Hart, aber herzlich, stramm verhandelt und wie vereinbart umsetzt. Geradlinige Handschläge statt krummer Touren

Die, die mauscheln bleiben auf der Sandbank liegen, bei der nächsten Flut verschwinden sie hoffentlich. Neue Flotten formen sich, ganz neue Homogenitäten tun sich auf: Autos werden zur weißen Ware, Waschmaschinen werden nach JIT-Produktionsprinzipien gebaut, Motorsägen erhalten Steuergeräte, Einzelhändler errichten KVP-Zirkel, Dienstleister bieten Wertschöpfungs-Urlaub an. Der neue Spaß am Schaffen steckt an. Diese vielen kleinen Guten schaffen ein Miteinander, das die Kontinente wieder zusammenrücken lässt. Tektonisch einmal herum treffen wir uns sozusagen im Pazifik wieder. Dort wird man von ganz alleine entschleunigt. Aloha…

SWOT-Analysen sorgen für Service-Aktualität

Sehr wichtig oder Theorie? Auch so kann man SWOT interpretieren – die Bedenkenträger lassen grüßen! Tatsächlich sind SWOT-Analysen ein sehr probates Verfahren, die Strengths (Stärken aus der eigenen Sicht), die Weaknesses (Schwächen aus der eigenen Sicht), die Opportunities (Chancen im Wettbewerbsumfeld) und die Threats (Bedrohungen aus dem Wettbewerbsumfeld) interaktiv – am besten in Workshops ohne „Hierarchie-Bremsen" – zu ermitteln. Die Praktiker kommen dabei gleichberechtigt zu Wort wie die Theoretiker. Die Erlebnisse an der Kunden-front werden so besser gegenwärtig: was von unseren Strategien kommt wo wie an? Die mentalen Schranken zwischen Praxis und Theorie und zwischen Emotion und Intuition können bei guter Moderation solcher Workshops völlig verschwinden: die Toleranz und der Respekt gegenüber „Andersdenkern" steht als Prinzip dahinter.

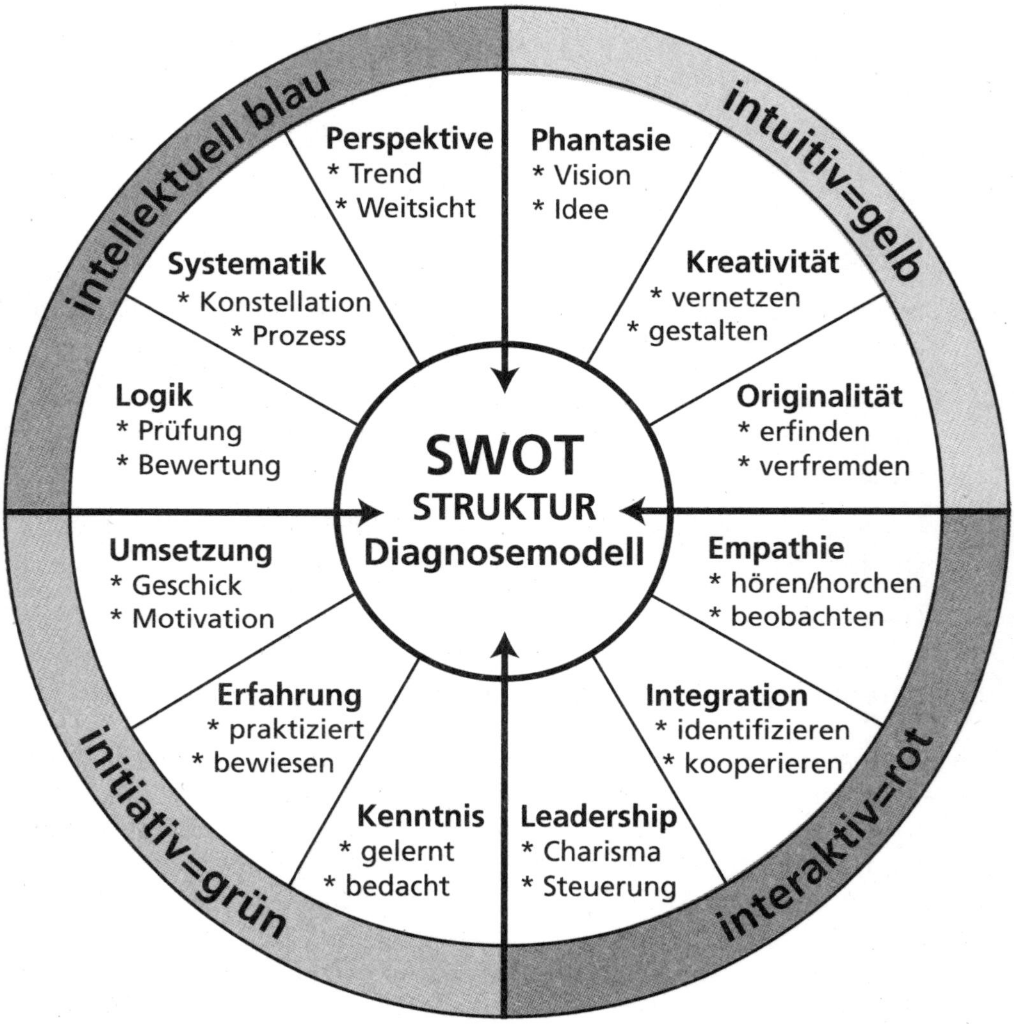

Das oben abgebildete grafische Modell entstammt im Prinzip der Persönlichkeitsanalyse: die dominante Ausprägung dieser oder jener Veranlagung bzw. Orientierung macht einzelne Mitarbeiter/innen für diesen oder jenen Job geeignet(er). Bei Mitarbeiter-Rekrutierungen wird mit solchen Diagnose-Modellen erfolgreich gearbeitet, um Beurteilungen zu differenzieren und somit Entscheidungen besser zu fundieren.
Das Modell lässt sich als Struktur-Gliederungsschema gut auf die SWOT-Analysen übertragen: wo liegen die Stärken, Schwächen, Chancen und Risiken unseres gesamten Service-Teams? Wir wissen ja, dass Organisationen nicht durch die Uniformität der Menschen stark sind, sondern durch das, was man heute mit dem Begriff „Community" bezeichnet: ...

... das sind strukturell heterogene Teams, die durch konstruktiv-offenen Dialog Probleme meist besser/innovativer lösen, als das mit den in der Vergangenheit „bewährten" linearen Erfahrungs-Orientierungen möglich ist. Die Innovationskultur der Querdenker bringt – mit Zielorientierung und Respekt richtig gesteuert – den Schub. Motivation entsteht von selbst.

Sie werden mit Ihrer strategischen Kompetenz (Eigenurteil, Benchmarking...) beurteilen, welche der in dem obigen Modell dargestellten Persönlichkeits-Dimensionen in Ihrer Service-Organisation wie wichtig und wie vorhanden sind bzw. welche Maßnahmen zur Optimierung fällig sind. Zum Thema SWOT-Analyse an sich (Inhalte, Methoden, Tipps) finden Sie durch etwas „Googlen" jede Menge Anregungen im Internet.

SWOT = „should we organize trouble?" – „yes we should!" Also unbedingt ja, wenn die Unruhe zu konstruktiv-innovativem Verhalten führt!

Die oben zitierten Grüße der Bedenkenträger werden weder gehört noch beantwortet. Der Erfolg verbesserter Effizienz und Effektivität zählt. Die Erfahrung lehrt: dann fallen die Herrschaften um wie die Domino-Steine und waren schon immer dafür ...

Lernen, was wirklich gebraucht wird

Kiloweise Seminarangebote täglich. Große Sprüche, oft undurchsichtige Adressen. Penetrante Telefon-Belästigung durch Seminarverkäufer - meist unqualifizierte Callcenter-Anrufe. Zeitschriften- und Buchangebote ohne Ende. Beurteilbarkeit beinahe ausgeschlossen. Erfahrungen überwiegend fragwürdig. Effektivität oft miserabel. Zeit vergeudet, Motivationen zerstört. Geld verheizt. Sand im Fortbildungsgetriebe. Suche nach den Perspektiven sinnvoller praxisgerechter Weiterbildung.

Welche Möglichkeiten gibt's?

1. Gar nichts machen, bevor man etwas Falsches macht. Sehr bequem, aber total sinnlos, weil zukunftsgefährdend im Service-Markt, der sich rasant verändert.
2. Möglichst viel machen, damit einem nichts entgeht. Gießkannenprinzip, vielleicht sehr unterhaltsam, jedenfalls sehr ineffizient.
3. Gezielte Selektion kompetenter externer Adressen mit Beschaffung aussagekräftiger Referenzen, Verzahnung interner mit externen Aktivitäten. Ein mühsamer - aber operational richtiger Weg.
4. Integration von internen und/oder externen Lern- bzw. Fortbildungsangeboten in ein langfristig ausgelegtes Mitarbeiter-Entwicklungsprogramm, das mit der Mitarbeiter-Führung per Zielvereinbarungen harmoniert: so werden Kompetenzen für morgen geschaffen – der strategisch beste Weg.

Hinsichtlich Verhaltens-Trainings („affektives Lernen") sind wir so auf dem richtigen Weg. Für Wissen-Vermittlungs-Trainings („kognitives Lernen") allerdings nur dann, wenn es um grundsätzlich neues Wissen geht (wie seinerzeit bei der „Ablösung" der Mechanik durch die Elektronik). Im häufigsten Praxis-Fall der Wissensaktualisierung (kognitives Weiter-/Dazu-Lernen) ist heutzutage und künftig vermehrt das e-Learning dann der beste Weg, wenn Frequenz und Volumen den didaktischen Aufwand rechtfertigen. Als Führungskraft werden Sie den Konsum der Lerneinheiten permanent einem Controlling unterziehen und ggf. mit Anreizen versehen müssen, sonst „beißen die Mitarbeiter nicht an".

Aus langjähriger Erfahrung und vielfältigem Benchmarking lassen sich 10 wesentliche Erfolgskriterien ableiten, die nachhaltige Trainings-/Coaching-Effizienz und daraus resultierende Effektivität gewährleisten:

1. Zukunftsorientierte Inhalte-Bestimmung (fokussierter Stoff)
2. Keine Dozentur, sondern für Praktiker plausible Themen-Darstellung
3. Keine „schulische" Zwangsatmosphäre, sondern Lern-Erlebnisfreude
4. Ausgewogener Mix zwischen verstehbarer Theorie und Tagespraxis
5. Echte Identifikation Trainer/Coach mit Zielgruppe (sog. „ingrouping")
6. Permanente Kommunikation des Lern-Nutzens für die Teilnehmer
7. Sehr gewissenhafte Trainer-/Coach-Auswahl, Langzeit-Kooperation
8. Glaubhaft erklärtes „Dahinterstehen" des Managements
9. Konstruktives Prozesscontrolling, objektiv und subjektiv
10. Interaktives Erlebnis-Lernen

Nicht Vorgehen wie einst von Wilhelm Busch so treffend karikiert: "wenn alles schläft und einer spricht, so nennt man dieses Unterricht"

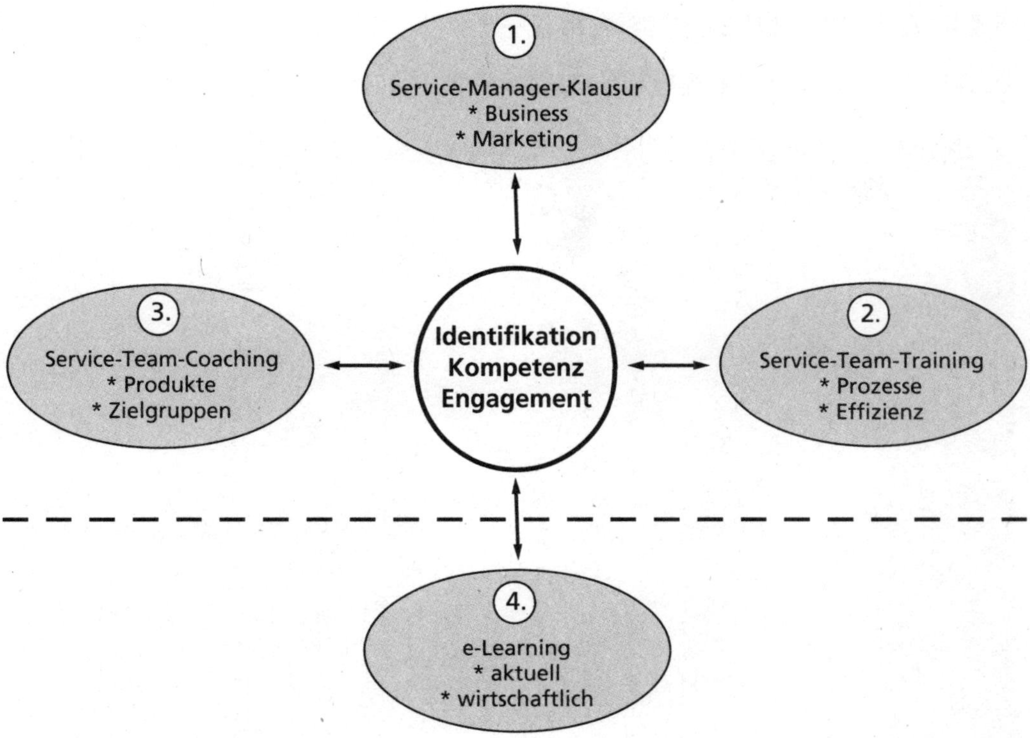

1.
Service-Manager-Klausur
* Business
* Marketing
3.
Service-Team-Coaching
* Produkte
* Zielgruppen
Identifikation
Kompetenz
Engagement
2.
Service-Team-Training
* Prozesse
* Effizienz
4.
e-Learning
* aktuell
* wirtschaftlich

Kundenmanagement – Koordination statt Chaos

. Foto: DVIDSHUB

„Bei uns steht der Kunde im Mittelpunkt (=Credo) – und somit uns allen im Wege" (= Realität): Sonderwünsche, Extratermine, Spezialausführungen, Individualanlieferungen, Service-Einsatzbereitschaft rund um die Uhr (Weihnachten inklusive) – Zahlungsverzögerungen, Teillieferungs-Stornos, Umstrukturierungen, Valutaansprüche, Reklamationen, Zweckbehauptungen (ohne Moral und Partnerschafts-Verantwortung). Ganz schön schwierig, zwischen diesen beiden Gar-nicht-so-extrem-Szenarios zu allseitiger Zufriedenheit den goldenen Mittelweg zu finden! Fragen wir doch mal die Fach-Leute:

Dr. Kulant von der Personalentwicklung meint klug, im Ausgleich der Interessen läge die wahre Meisterschaft. So sei es auch im letzten Seminar mit Frau Harmonie erarbeitet worden. Sie schreibt sogar ein Buch darüber.

Karl-Heinz Knallhart von der Inkassoabteilung hält das für Schwachsinn und packt den Kunden am Kragen, bis ihm die Luft wegbleibt (...und er dann wegbleibt). Hauptsache, die Zahlung bleibt nicht weg. Heute ist wichtiger als morgen. Der Job muss gemacht werden.

Tom Durchsetzer vom Verkauf lebt mit unglaublichem Geschick das Prinzip „weniger ist mehr" – aber erst, seitdem er gewinnorientiert verprovisioniert wird. Ein richtiger Businessmann im Vertrieb neuerdings. Oben beliebt. Wie lange noch? Draußen schon gefürchtet.

Dr. Rechthaber von der juristischen Abteilung hat zwar keine Ahnung und keine eigene Meinung, aber er weiß genau, was nicht geht. Er philosophiert vom Risiko in fünfzehn Dimensionen und sieben Phasen. Aber er lässt die Entscheider allein, drückt sich um's Problem, kapiert's vielleicht gar nicht.

Otto Gutwill, der Serviceleiter, hilft. Rund um die Uhr und zwar jedem – bis zur Selbst-Aufopferung. Er kann alles sagen. Nur eins nicht – das einfache Wort „nein!" Das ist ja so lieb, oft aber auch unverantwortlich teuer. Verwöhnen heißt Verziehen. Kompensieren heißt Verzeihen.

Eberhard Exakt vom Rechnungswesen hat das schematische „Erste-Hilfe"-Buch parat – sogenannte Handlungskorridore im Min/Max-Stil. Mit seinem 100-Seiten-Anwendungshandbuch und selbstabsichernden Kontrollmeldungen ins Controlling. Gute Nacht, Flexibilität!

Caroline Flott von der Werbung hat's oder nimmt's viel einfacher. Mit der flexibel-kreativen Agentur werden flotte Sprüche verzapft, und vom Problem wird flott abgelenkt. Nach uns die Sintflut. Papier ist geduldig, die neuen Medien nicht minder.

Jean Routinier, der allgewaltige Key Accounter, beansprucht das Management „seiner" Kunden. Nichts ohne mein Okay. Ohne meine Regie kein Theater. Nobody is perfect – bis auf mich. Freibrief vom Chef, solange die Zahlen stimmen. Karriere. Macht. Nichts geht über Engpass-Connections. Up, up or away!

Dr. Bit-Biter, der IT-Guru, spürt, wo die Kohle herkommt. Also nichts wie rein in den Windschatten. Opportunisten aller Abteilungen vereinigt Euch... Koste es, was es wolle.

Sven Obermann, Manager in charge of all, erfährt das alles. Aber viel zu spät. Und natürlich polemisch gefärbt, politisch getrübt, diplomatisch garniert. Gut, wenn er's zum Anstoß „Lernen aus Erfahrungen" nimmt. Wenn er Fragen aufwirft, um Antworten zu bekommen.

Muss Kundenmanagement solch ein Chaos-Management sein? Natürlich nicht. Aber warum ist's häufig so? Weil's nicht ernst genommen wird. Weil man's individuellen Zufällen überlässt. Weil keiner und jeder zuständig ist. Weil Taktik vor Strategie steht, Improvisation vor Linie und Stil.

Nichts und keiner ist so wichtig wie der Kunde. Von ihm leben wir. Er soll uns auch morgen ernähren. Also müssen wir die Prozesse der objektiven und subjektiven Kundenorientierung planen, organisieren, optimieren.

Und zwar gemeinsam. Denn einzeln sind wir alle schwach. Gemeinsam aber sind wir alle stark. Schaffen wir das im Team selbst oder muss uns das Top-Management auf Trab bringen?

Eigentlich bieten sich die Strukturen ja von selbst an:

1. Potenzial-Priorität des Kunden
2. Kundenbindungs-Personen
3. Bisheriger Stil des jeweiligen Kontakts
4. Neue Potenziale unseres Angebotes
5. Kooperations-Regularien / Verträge / Erwartungen

...und das Ganze in vernetzter Dokumentation (möglichst für jeden durch ein funktionierendes IT-System leicht zugänglich). Packen wir's an! Jeder von uns ist verantwortlich, Sie zum Beispiel gemäß dem Motto „die Firma bin ich".

Der Service wird zur Chefsache

Die Entwicklung von AUDI in den letzten zwanzig Jahren verdient höchste Bewunderung. Als Ferdinand Piëch als Spiritus Rector der AUDI-Entwicklung damals erklärte, AUDI solle zum attraktivsten Europäer auf dem Automobilmarkt gemacht werden („Vorsprung durch Technik"), hat mancher Manager in Stuttgart und München mitleidig gelächelt. Den Herren – soweit sie überhaupt noch in Amt und Würden stehen – ist das Lächeln inzwischen ganz schön eingefroren.

In der meinungsbildenden Fachzeitschrift AUTOMOBILWOCHE (Ausgabe 23 vom 2.11.2009) erschien ein sehr bemerkenswerter Artikel „Service wird Chefsache" (siehe oben). Der Vertriebsvorstand von AUDI, Peter Schwarzenmüller, erläutert dort sein persönliches Engagement: „AUDI will weltweit die führende Marke bzgl. Kundenzufriedenheit werden". Die operationale Umsetzung dieser Strategie imponiert: 38.000 Trainings-Teilnehmertage p.a. für die Service-Betriebe, 11 Trainings-Zentren weltweit, 80 Trainings-Module speziell für Service-Verantwortliche, thematischer Schwerpunkt ist die Schulung des Verhaltens der Service-Zuständigen. Zielung auf deren innere Einstellung als Basis eigenverantwortlichen Auftretens und Wirkens. Lernende Organisation durch interaktive Prozess-Optimierung. Original-Zitat: "die Erwartungen unserer Kunden sind deutlich gestiegen... die Partner müssen sich diesem Niveau anpassen... Wer unseren Anspruch nicht erfüllt, passt nicht zu unserer Premiummarke".

Ein Benchmark par excellence – keineswegs nur für das Automobilgeschäft!

Nun sage bloß niemand, so etwas ließe sich nur in Großunternehmen realisieren. Im Gegenteil – im Mittelstand sind die „Drähte viel kürzer". Es muss nur gewollt und nachhaltig gemacht werden. Zuerst top/down, dann in Folge auch bottom/up.
Als der Amerikaner Ralph Nader vor etwa 40 Jahren den „Consumerismus" propagierte, das Thema Produkthaftung inspirierte, die Methoden der Marketing-Verführungen geißelte und nachhaltige Hersteller-/Lieferanten-Verantwortlichkeit forderte, versuchte die Industrie, ihn mundtot zu machen. Vergeblich!

Der Kontakt Anbieter / Nachfrager (= Verkäufer / Kunde) funktioniert wie der persönliche zwischenmenschliche Kontakt: auf die Dauer überleben die Versprechen-Halter, nicht die Versprechen-Versprecher. Kundenzufriedenheit per faktisches Überzeugungsverhalten - das ist heutzutage und morgenzutage der gesellschaftlich und betriebswirtschaftlich richtige „Marketing"-Weg!

Gerade wenn, wie bei Autokäufen, beim Kaufentschluss viele emotionale Faktoren eine Rolle spielen, ist die sog. Reharmonisierung = Nachher-Bestätigung der Kaufentscheidung durch erwartungsgemäßes Produkterleben für die Kundenbindung/Markentreue per Kunden-Zufriedenheit extrem wichtig. Hier bestätigt sich die uralte Autoverkäufer-Erkenntnis „der erste Wagen wird durch die Verkäufer-Performance verkauft, die weiteren durch die Service-Performance."
Vielleicht ist der Einfluss der weltweiten Wirtschaftskrise in diesem Zusammenhang positiv zu interpretieren: die Kaufzurückhaltung lässt unglaubhaft improvisiertes Marketing ins Leere laufen. Ehrlich währt am längsten.

A propos AUDI: CHAPEAU!

Die Organisationsentwicklung verbindet Anforderungen und Erfolgsfaktoren zu einem schlüssigen Gesamtkonzept. Aufbauorganisation und Ablauforganisation.

Aus der Krise gestärkt hervorgehen...

Der Schock der Wirtschaftskrise 2008/2009 hat unsere heile Welt verändert. Die „es-wird-schon-gut-gehen-Mentalität" ist nachhaltig erschüttert. Verdeckte Unsicherheiten und Ängste kommen an die Oberfläche. Das „irgendwie-habe-ich's-geahnt-Geschwätz" soll als Feigenblatt herhalten für Gedankenlosigkeit, Verantwortungslosigkeit, Konzeptionslosigkeit, Entscheidungslosigkeit und Ausweglosigkeit.

Foto: MarvinSiefke

Jetzt kommt die „wir-machen-uns-alle-Mut-Phase". Wir laufen wie die laut singenden Kinder durch den dunklen Wald, haben aber die Hosen gestrichen voll.

Entscheidungen werden verschoben. Das „man-weiß-ja-nie-Gequassel" geht einem schon auf die Nerven. Stellungnahmen und Vorschläge werden zurückgehalten, man könnte ja ins Fettnäpfchen treten.

Trittbrettfahrer benutzen die aktuelle Lage als Scheinargument, um Vorhaben abzusagen, von deren Erfolg man sowieso nicht voll überzeugt war: Börsengänge, Marktausweitungen, Personalaufstockungen, Finanzkonsolidierungen.

Probleme werden kleingeredet statt angepackt, man könnte ja „oben" ausgerechnet jetzt in Ungnade fallen. Staatsraison in Miniaturausgabe. Es lebe der Opportunismus. Stagnation wird zur Parole.

Was tun? Warten auf die Politiker? Nein – selber was tun! Marktanteile werden doch in Krisen gewonnen. Diese Weisheit ist nicht neu. Wer steht zuerst auf? Wer nutzt die Perplexität des Umfeldes zum Durchbruch? Wer erneuert? Wer ist der Phönix, der aus der Asche steigt? Kennen Sie so jemanden in Ihrem Betrieb? Sie sind vielleicht sogar so einer? Solche Typen sind jetzt gefragt, Zweifel-Killer, notfalls Zweifler-Killer!

Die Kultur der Erneuerung brauchen wir. Die Einsicht in die Grenzen des Üblichen hilft uns weiter. Wie groß muss der Druck eigentlich werden, damit wir heute das tun, was wir seit gestern als nötig erachten? Die Verantwortung für unser Morgen haben wir heute selber! Agieren wäre besser als Reagieren.

Der Service ist einer der Funktionsbereiche, der die Kundenzufriedenheit entscheidend beeinflusst, weil er Vertrauen begründet und Menschen gewinnt. Und weil er hilft. Weil ihm die Lethargie fremd ist.

Was also ist zu tun?

- Treiben Sie jetzt Ihre guten Ideen voran!
- Zeigen Sie jetzt, dass Sie ein Macher sind!
- Geben Sie jetzt Ihrem Umfeld Zutrauen!
- Gehen Sie jetzt als Vorbild voraus!
- Treffen Sie jetzt längst fällige Entscheidungen!
- Setzen Sie jetzt Zeichen für Morgen!
- Haben Sie jetzt den Mut zur Selbstentfaltung!

Diese sieben Regeln entstammen ganz „frisch" einigen Krisensitzungen einer wirklich aktuell gebeutelten Branche, nämlich der Automobil-Zulieferung.

Wir denken viel nach in diesen Tagen. Wir reden intensiver miteinander seit dem dramatischen Wirtschafts-Crash 2008/2009. Wir können alle etwas tun in unserem eigenen Umfeld. Nur eines können wir nicht: abwarten und nichts tun. Sonst tun die Falschen etwas...

Globalgalaktisch = praktisch?

Bertram Bleibtreu aus Biebelried geriet in ein Streitgespräch mit Guido Globali aus Garching: wofür sollten Krawalle gegen Globalisierung eigentlich gut sein? Über politische Fürs und Widers wollen wir jetzt nicht reden; wer weiß, wo überall Mikrofone hängen.

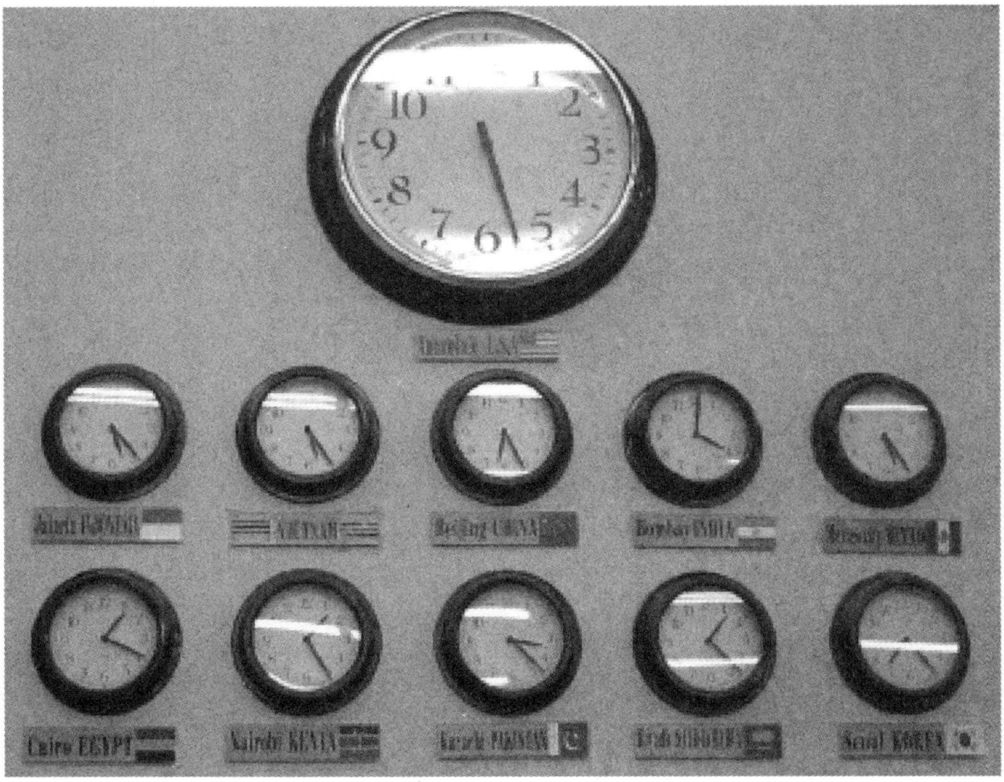

Foto: futureatlas.com

Aber die Wirtschaft! Guido giert: „Rohstoffe rollen, Öl läuft wie geschmiert, im Bergwerk soll man Kohle machen können und Getreide geht weg wie warme Semmeln!“ Berti bremst: „das war doch in den Fuffzigern auch nicht anders“. A propos Bundes-Berti:

1:16:25! Bundesliga oder was? Neue Kino-Norm für Flachbildschirme? Nein, Bruttojahreslohnvergleiche von Servicemitarbeitern! Für einen in Deutschland könnte man 16 Chinesen oder gar 25 Inder arbeiten lassen... So sagt es die Statistik. „Also, auf nach Bangalore, in Hanoi sind ja schon die Schwaben“, wird so mancher Unternehmer denken.

Stanis vom Stammtisch, seineszeichens Serviceexperte mischt sich ein: 45% Lohnanteil im Maschinenbau- und Fahrzeug-Service in Deutschland, das macht 55% der Kosten für andere Dinge! Er stellt sein Bier ab und die Finger hoch:

1. Mal angenommen, ein deutscher Servicemitarbeiter arbeitet doppelt so effizient wie ein Chinese und/oder Inder, weil er sein Geschäft und seine Kunden halt schon lange kennt: macht 1:8:12,5
2. Damit die Inder oder Chinesen richtig im Service drin sind, brauchen sie eine Einarbeitungszeit von etwa einem halben Jahr. Bei einer Fluktuation in Callcentern von durchschnittlich 19% rechnen wir mal mit 5 Jahren pro Mitarbeiter. Also abzüglich 50% von einem Jahr, dieses wiederum gleich 20% von 5 Jahren: macht 1:7,2:11,3
3. Damit die Inder oder Chinesen die deutschen Kundendienst-Probleme auch verstehen, muss der Erfassungs- und Lösungsprozess geteilt werden: 20% in Deutschland zur nach wie vor persönlichen

Aufnahme der Fälle in Landessprache und Füttern der Datenbanken mit vorspezifizierten Schlagworten: macht 1:5,8:9

4. Die Antwort zurück an den Kunden muss ja auch in der Sprache des Kunden geschehen: also „mal so" 10% des Prozesses wieder durch Deutsche: macht 1:5,2:8,1

5. Inhaltlich muss alles richtig und verstanden sein. Langkettige Prozesse funktionieren nur, wenn die Ketten nicht reißen. Damit eine Kette nicht reißt, muss sie ausreichend dimensioniert werden: also Investitionen zur Prozessautomatisierung. Macht vielleicht 10.000 pro Arbeitsplatz (nein, nicht Rupien, sondern Euro!), also rund 1/3 des Bruttogehalts eines deutschen Servicemitarbeiters. Auf fünf Jahre gerechnet 1/15. Macht damit so etwa 1:4,4:6,9

6. Viele Statusübergänge bergen viele Fehler. Also muss eine Qualitätssicherung manifestiert werden. Vielleicht nochmals 10.000 pro Arbeitsplatz. Macht nach Eva Zwerg so um die 1:3,2:5,1

7. Flüge, Hotels, Auslandsspesen für die Koordinatoren, die das in Indien oder China implementieren, sind ja auch noch fällig! Bestimmt 20.000 pro Teamleiter – bei 10-Mann-Teams also 2.000 each. Macht 1:3:4,8

8. Sind die Teamleiter in Übersee, fehlen sie in Deutschland. Bei 4-5 Tagen im Monat off site sind schon wieder 20% eines deutschen Salärs weg! Macht 1:2,9:4,6

9. Jetzt wird auch noch das Produktprogramm umgestellt: da muss der Serviceleiter selbst in den Flieger steigen. Kostet auch, macht vielleicht 1:2,8:4,4

10. Irgendwas geht schief: Krankheit, Streik, Erdbeben, Rückrufkampagne oder oder: alles so weit weg, Kunden sauer, Handlungsdruck groß, Chef selbst in Indien oder China. Kostet viel Zeit, Nerven und Geld: macht jetzt vielleicht nur noch 1:2,5:4

Die Punkte 6.-10. schlagen als "eh-da"-Kosten (nennen wir sie lieber Fixkosten) zu Buche. Die kriegen wir also nur runter, wenn hohe Fallzahlen auf der anderen Seite Skaleneffekte einfahren: also Geschäftsvolumina rauf – heißt mehr Servicefälle. Aber wer holt sich schon freiwillig mehr Servicefälle ins Haus? Null Sigma kann doch nicht unser Ziel sein?!

Berti, Guido und Stanis prosten sich zu: ein bisschen hat jeder Recht, und nachrechnen wollen sie jetzt alle drei! Mittelstand aufgepasst: eigentlich lohnen sich Übersee-Services nur für die richtig Großen!

Servicemarketing – wer nützt da eigentlich wem?

Aktives Marketing für den Service ist sinnvoll und modern: schließlich wird durch den Service häufig mehr verdient als durch den Verkauf – oft schon wegen des Bedarfs an Verbrauchsmaterialien, Ersatzteilen und Hilfen/Skills über die gesamte Lebensdauer eines Produktes.

Objektiv sprach der Service immer nur für sich selbst: er wurde angefordert, wenn er benötigt wurde; er wurde bezahlt, wenn die Probleme aus der Welt geschafft waren; er wird mitangeboten, wenn Kaufzweifel vorhanden sind; er funktioniert (hoffentlich) und lebt nicht selten ein Schattendasein („notwendiges Übel").

Subjektiv müssen wir den Service kommunizieren: unser persönliches Engagement für einwandfreie Produktfunktionen erleben lassen, unsere Philosophie der Kundentreue spüren lassen, unsere Chance der Kundenbegeisterung nützen, unser Verdienstpotenzial von morgen vorbereiten. Also Marketing <u>für</u> den Service mit seinen aufgefächerten Angeboten, an denen gutes Geld zu verdienen ist. Man kann's aber auch anders sehen, nämlich Marketing <u>durch</u> den Service: Produktnutzen-Erleben durch besonders gute Einweisung / Schulung, Produktnutzen-Überlegenheit durch praxisgerechten Mix von Hardware + Software + Heartware, Kunden-Überzeugungsvertiefung durch Menschen im Service, die selbst tief überzeugt sind.

Steht unser Service-Licht unter'm Scheffel? Können wir mehr, als der Kunde ahnt? Tun wir mehr, als der Kunde weiß? Sind wir genügend bekannt für unsere Servicequalität und Serviceflexibilität? Ist unser Serviceimage eine Erfolgssäule unseres Geschäfts?

Marketing für den Service differenziert sich in drei Phasen, nämlich:

- Pre-Sales
  Innovation, Information, Offerten...
- Sales
  Instruktion, Argumentation, Kooperation
- After-Sales
  Kommunikation, Kontakt, Logistik

„Wir tun in allen drei Phasen sehr viel für unsere Kunden, lasst uns angemessen darüber reden! Denn nur wer unsere Leistungen kennt, der kann sie schätzen."

Marketing <u>durch</u> den Service konzentriert sich auf die Phase After-Sales: erwartungs- / wunschgerechtes Auftreten und Wirken unserer Personal- bzw. System-Power an der Servicefront mit dem Ergebnis der Kundenzufriedenheit, besser Kundenbegeisterung. „Nur zufriedene Kunden kaufen wieder!" (also lasst uns alles tun, damit sie zufrieden werden / bleiben). Nur zufriedene Kunden empfehlen weiter...

Servicemarketing ist eine typische "win/win"–Dimension guter Zusammenarbeit:

Per Service kann das Marketing eines Unternehmens zusätzliche Überzeugungskraft und Profilierung erhalten. Man muss nur darüber reden... Der interne Stellenwert des Service steigt.

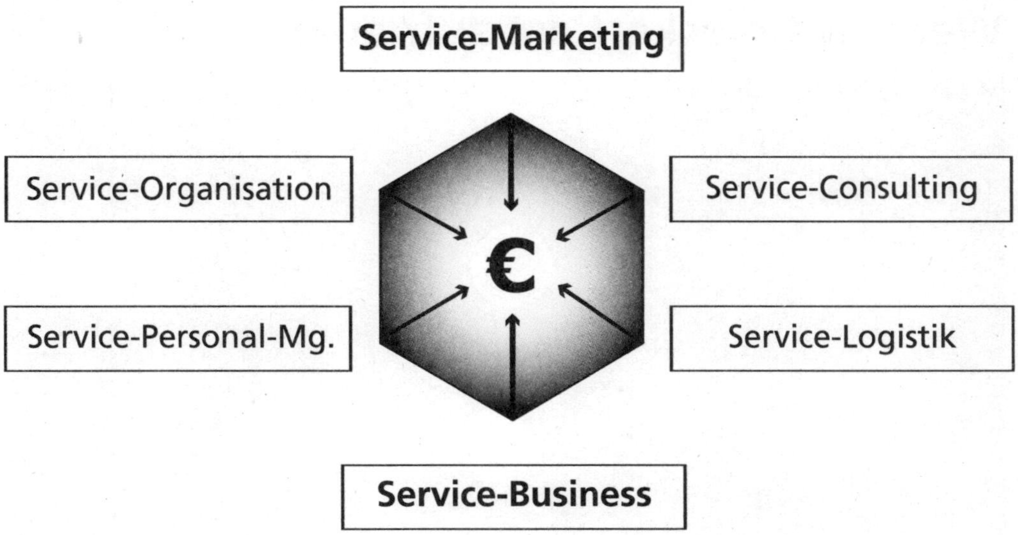
Service-Marketing
Service-Organisation
Service-Consulting
€
Service-Personal-Mg.
Service-Logistik
Service-Business

Wer nicht meckert, ist zufrieden

Foto: Allie_Caulfield

Im Ziegenstall mag's stimmen – im Service durchaus oft nicht! Die „resignative Quasi-Zufriedenheit" ist – wie vielleicht in mancher Ehe – der Anfang vom Ende. Der Kunde wird bei nächster Gelegenheit (und die kommt schneller, als wir uns vorstellen) das Weite suchen und zum Wettbewerber überlaufen. Was schätzen Sie: wie viele Ihrer Kunden sind zur Zeit „nicht gerade unzufrieden"?

Man hört das auftrumpfende Argument des Service-Leiters: „Bei unserer letzten Kunden-Zufriedenheitsanalyse kamen von 1200 immerhin 224 Fragebögen zurück – x % sehr zufrieden, y % zufrieden, nur z % unzufrieden; das ist doch gar nicht so übel, oder?" Man lügt sich bei solchen Meinungsermittlungen sehr gerne in die eigene Tasche. Motto: Papier war früher geduldig, Dateien sind heute geduldig. Wie oft schluckt der Kunde seinen Ärger runter, vermeidet Zoff, resigniert. Er will Sie ja nicht zum Feind, vielleicht braucht er Sie ja am nächsten Heilig Abend! Aber einer wundert sich, nämlich der Kollege vom Verkauf. Er staunt, dass der stets treue Stammkunde abgewandert ist. In der Analyse dieses Geschehens sind sich Verkauf und Service übrigens selten einig: „da hat der Wettbewerber bestimmt 101 % Rabatt geboten, um endlich ins Geschäft zu kommen. Früher, als wir noch Patent-gesicherter Monopolist waren, wäre sowas nicht passiert…". Toll.

Wie verhalten Sie sich denn persönlich, wenn Sie irgendetwas gekauft haben und nachher den Service brauchen? Wenn Sie die Funktionalität wiederhaben und Ihren Ärger loswerden wollen?

- Variante 1: der Service klappt wie geschmiert. Sie fühlen sich in Ihrer Kaufentscheidung bestätigt, Sie würden dort wiederkaufen, Sie empfehlen.
- Variante 2: der Service klemmt (in Termin, Inhalt, Stil, Preis o.ä.). Sie fühlen sich verunsichert, werden skeptisch, prüfen pedantisch die Berechnung, kaufen beim nächsten Anlass zum Vergleichen mal woanders, wandern ab und warnen ggf. Ihr Umfeld vor der Marke/dem Lieferanten. Ganz menschlich, oder?

Zurück zum Thema Kundenzufriedenheits-Ermittlung: Fragebogen-Ermittlungen sind mitunter sinnlos, weil sie oft unrepräsentativ (besonders die extrem zufriedenen und die stocksaueren Kunden antworten) oder (siehe oben) unehrlich, auch emotional plus/minus übertreibend sind. Ermittlungen vor Ort direkt nach einem durchgeführten Service-Fall machen noch weniger Sinn, weil sie situativ/zwischenmenschlich verfälschte Ergebnisse bringen. Grundsätzlich gilt der Satz: Wer meckert, kann sehr konstruktiv empfinden und empfunden werden. Nur die Unzufriedenheit mit dem status quo bewirkt den Fortschritt, niemals die Zufriedenheit, schon gar nicht die Selbstzufriedenheit.

Übrigens: Heutzutage gibt es Marktforschungs-Institute, die professionell auf das Thema Kundenzufriedenheits-Analyse spezialisiert sind und Ihnen auch helfen, konstruktive Konsequenzen aus den ermittelten Fakten und Empfindungen zu ziehen. Fazit also: Analysen richtig machen oder ganz bleiben lassen. Halblebige Informationen sind de facto Irritationen! Befragungen sollen das Fundament für Verbesserungen liefern, und seien es nur marginale oder stilistische: it's the little touch, which means so much".

Wissen managen heißt Hirne mobilisieren

Foto: kanu101

Auch der schlaueste Computer kann Informationen nur verarbeiten. Ohne Input kein Output. Die Improvisationsgenies der Vergangenheit hatten alle Inhalte im Kopf. Die Computergenies der Gegenwart haben alle Features im Network. Ist das eine richtiger als das andere? Oder das andere sinnvoller als das eine?

Die Restrukturierungswelle der Gegenwart killt das Erfahrungswissen per Outplacement. Also werden die Systeme von den überlebenden Networkern bis zum Wahnsinn perfektioniert. Alter Monopolismus in neuen Formen: „ohne mich geht's halt einfach nicht". Das System amputiert Verantwortungsplausibilitäten. Zahlen tun's zunächst die Kunden, mittelfristig die Unternehmen selbst, und zwar per Verlust der Kunden. Auch wenn das 23. CRM-Release auf der Maschine deponiert ist: es menschelt nicht mehr. Kundenbindung hat aber viele psychologische Komponenten!

Je globaler wir ausgerichtet sind, desto unerbittlicher sind Maschinen unersetzlich. Je eher wir dem Kunden noch in die Augen sehen, desto sinnvoller bleiben Menschen engagiert.

Wie sollen wir diese Gegensätze konstruktiv verbinden? Wie managen wir die Mobilisierung der Hirne im Sinne echten CRM's?

1. Synergie
   Facherfahrene und Systemkenner aus der Contra-Operation in die Co-Operation moderieren: beide brauchen sich gegenseitig. Der Facherfahrene sorgt für den Input, der Systemprofi für den Output.

2. Praxisnähe
   Systeme im IT-Bereich werden oft mit dem Prinzip „das Schloß bestimmt den Schlüssel" auf Sender- statt auf Empfänger-Horizonte/Skills ausgelegt: Die Verwender brauchen den leichten Zugang zu den Systemen. Herr Gates hat den Durchbruch auch erst mit der Maus geschafft!

3. Teamgeist
Facherfahrene und Service-Neulinge aus der Distanz der Hierarchie in die Nähe echten Zusammenwissens und -wirkens moderieren: Generationswechsel der Hirne. Wissen, Können und Skills synchronisieren. Die Erfahrenen lernen die Systeme lieber, die Neulinge lernen das Erfahrungsgut leichter.

4. Symbiose
Konstrukteure und Service-Verantwortliche frühzeitig (!) in den Dialog eingliedern: Service-Ergonomie in die Konstruktionen und CAD-Wissen in die Service-Unterweisungen. Theorie und Praxis verschmelzen. Peu à peu Systemwissen über der Improvisation platzieren. Endziel Serviceperfektion auf Tastendruck.

5. Moderation
A propos moderieren: früher in der Schule haben wir auch nicht die introvertierten Streber, die verbohrten Perfektionisten oder die Nicht-Kapierer und Auf-Kosten-Anderer-Profilierer zu Klassensprechern gewählt, sondern die Koordinationsfähigen, die kommunikativen, patenten Kerle mit Herz und Hirn. Solche Damen / Herren (besser Frauen / Männer) brauchen wir heute als Mobilisierer, als Moderatoren – vielleicht mit etwas Hilfe externer Moderation der Moderatoren.

6. Zukunftsorientierung
Wissen managen heißt keineswegs nur, das vorhandene Wissen zu mobilisieren. Viel wichtiger ist das künftig nötige, heute noch nicht vorhandene Wissen zu definieren, Systeme zu prognostizieren, Hirne zu provozieren. Szenario-Technik mit Personalentwicklung verknüpfen, vorsorgende Instandhaltung der Instandhalter!

7. Kunden-Verbindung
Service im modernen umfassenden Sinne heißt natürlich auch permanente Unterstützung der Service-Verantwortlichen bei den Klienten. Modulares Wissen parat stellen und per Beratung zu rationeller, schneller, preiswerter Anwendung bringen. CRM per se!

8. Verantwortung
Vordenken statt Nachdenken. Der vermiedene Servicefall schadet vielleicht dem Profit-Center Service. Aber er nutzt der Kundenbindung per Kundenzufriedenheit: nur zufriedene Kunden kaufen wieder und empfehlen weiter!

Mein Großvater hat mir eine Weisheit hinterlassen: Du bist nicht dumm, streng' Dein Hirn an – dann wirst Du überlegen überleben (das Wortspiel hat vermutlich den Rat in meinem Hirn verankert).

Gilt das nicht für uns alle? Wir müssen unsere Hirne anstrengen, um zu überleben. Zukunftsorientierung ist wichtig: Albert Einstein soll in hohem Alter sinngemäß gesagt haben: „die Zukunft interessiert mich mehr als die Vergangenheit, denn in der Zukunft will ich weiterleben".

Wir sind entschieden dagegen zu entscheiden

Foto: Incase Designs

Dieser vermeintlich markige Spruch des langjährigen Vorstands-Vorsitzenden einer mittelständischen Familien-Aktiengesellschaft im Automobil-Zuliefermarkt hat anlässlich einer Management-Klausur den Führungskreis zunächst beeindruckt, nach genauerem Überlegen aber doch nachhaltig verunsichert. Durch die historisch gewachsene hierarchische Führungsstruktur hat der „Chef" bisher ohnehin alle Entscheidungen stets selbst getroffen und anschließend „oft mehr schlecht als recht seinen Führungskräften verkauft". Bisher lief alles schön expansiv, dann kam der Markteinbruch wegen der Wirtschaftskrise. Der Chef war inzwischen älter geworden, seine beiden Söhne (36 + 34) waren (zu) jung geblieben, was die Verantwortungs(mit)übernahme betrifft. Die Reaktionen nachher: der Controller Fuxer sprach von strategischem Stillstands-Credo, der Verkaufschef Seller wusste es nicht besser, der Leiter Technik Hämmerle meinte, in diesen Zeiten solle man nichts riskieren, der Marketingmann Pfiffig erklärte wortgewaltig, man müsse Marktanteile in der Krise gewinnen und deshalb besonders aktiv werden, der Leiter Personal und Recht äußerte sich vorsichtshalber gar nicht. Die beiden Junioren ließen erkennen, dass sie anderer Meinung sind als der alte Herr, tendierten aber zur „everybody-darling-Rolle". Fazit war somit tatsächlich der aus dem Titel-Motto ableitbare Stillstand.

„Gehe nicht zu Deinem Fürst, wenn Du nicht gerufen würst..."
Man hätte zwar die ca. 40 Leasingverträge für die Betriebs-PKW um ein Jahr verlängern können, um flexibler zu bleiben...
Man hätte zwar die gerade zu startende Office-Modernisierung nochmals verschieben können, um flexibler zu bleiben...
Man hätte zwar die natürliche Fluktuation als Anlass zur Prozessverbesserung nehmen können, um flexibler zu bleiben...
Man hätte zwar das Weiterbildungskonzept prioritätsgerecht ausdünnen können, um flexibler zu bleiben...
Man hätte zwar mit der bisherigen IT-Systemwelt noch ein weiteres Jahr leben können, um flexibler zu bleiben...
Man hätte zwar den internationalen Service durch Systemkooperation rationeller gestalten können, um flexibler zu bleiben...
Man hätte..... aber man tat nicht. Keiner traute sich. Alle steckten ihre Köpfe in den Sand!
Kunden spürten den Passivismus. Man kam ins Gerede. Man kam auch

schon aus dem Geschäft. Man merkte die Verunsicherung in der Belegschaft. Das Krebsgeschwür wuchs. Misstrauen machte sich allseits breit. Die Firmenbindung verlor an Markanz, es kriselte.
Da tauchte der Investor auf – heimlich aber unheimlich. Die Porsche's der potenziellen Käufer parkten abends und wochenends hinter der Villa des Chefs. Das Endergebnis „Verkauf" wird in zwei Wochen in der Presse stehen, das Ergebnis „Erfolg" in zwei Jahren..

Übrigens: in der obigen Kommentatoren-Schar fehlte doch einer, nämlich der Service-Leiter. Er gehört zwar nur zum „erweiterten" Geschäftsleitungskreis, aber er hätte vielleicht den allerwichtigsten Kommentar parat gehabt (und als gestandenes Mannsbild auch den Mut, ihn zu sagen): „nichts ist in diesen schwierigen Zeiten so wichtig wie das Zufriedenstellen unserer Kunden mit der Gegenwart und zugleich das Interesse-Wecken hinsichtlich unserer künftigen Stärken, weil wir uns sonst den Ast absägen, auf dem wir auch künftig sitzen wollen. – In dieser Zeit sind Identifikation und Initiative verlangt – selektive Optimierung von Produkten und Prozessen. Ich führe jedenfalls meinen Fachbereich so, als ob mir die Firma gehören würde". Bravo!

Vom e-Opfer zum Balanced Highscorer

Foto: ChrisDag

Es war einmal ein GL (Gebietsleiter). Der hatte einen KGL (kaufmännischen Gebietsleiter), einen TGL (technischen Gebietsleiter) und einen ETGL (Ersatzteile-Gebietsleiter). Dieser GL leitete noch keine Geschäfte, aber „verantwortete" immerhin Gebiets-Potenzialausschöpfungen. Sein Kollege war der GVL (Gebiets-Verkaufsleiter, dessen Mitarbeiter der GSL (Gebiets-Serviceleiter) und der GTL (Gebiets-Teileleiter).
Das waren Zeiten: Kofferraum auf, Musterkoffer raus, Bestellformular ausfüllen, Durchschlag am Freitag in die Zentrale mitnehmen und mit den guten Kunden noch feist Mittag essen gehen. So ging das bei Industriefußböden, Messingdrehteilen, Brillengestellen oder Spritzgussmaschinenersatzteilen gleichermaßen.

Heute gibt es nur noch einen. Sein Gebiet gibt es nur noch im Computer: n-dimensional geclustert nicht nur nach Landkreisen, Einwohnerzahlen oder vielleicht sogar Kaufkriterien; nein, heute auch nach Kundenkontaktfrequenz, Bonusklassenrelevanz, CI-Multiplikations-Potenzial oder Trendsetter-Indikation oder, oder. EU-gerecht, globally einsetzbar und leicht austauschbar. Selbst die Abkürzung seines Kombi-Jobs passt kaum noch auf die Bürotür: ASAPMAD – also After Sales And Parts Mobile Activity Dispatcher.

Bewaffnet mit seinem Notebook, so klein wie ein Handy – äh, mit seinem Handy, so groß wie ein Notebook - zieht er los: seine CRM-Top Ten-List zeigt ihm einen Hot Lead im Industriegebiet Nord der Nachbarstadt. Schnell bei McThru noch einen Kaffee gedownloaded und ab ins Gespräch. Dank des vollsynchronisierten Besuchsavis-Interfacing ist sein Gesprächspartner bestens vorbereitet: Materialgruppen-Präferenz heute Leichtmetall, kritischer Betrachtungszeitraum das nächste Quartal, Priorität in der Outlet-Performanceüberwachung bei den drei Low-Sellern in der Hinterfriesenmark. Gesprächsziel: gemäß Host-Auswertung 0,011% Maximal-Nachlass und Abverkauf von mindestens 213 Stück.

Waren das früher nicht 50er-Packungen? Gibt es die Hinterfriesenmark überhaupt? Hat mein Kollege in der Parametererfassung in Pakistan die 0,011% nicht falsch verstanden? Da ist bestimmt wieder die Komma- und

Punkt-Konvertierung um den Faktor Tausend durcheinander geraten: das müssten in den heutigen Rabattitis-Zeiten doch eher 11%...

Jetzt geht es Mensch gegen Maschine, Erfahrung gegen Standardrechnung, Vor-Ort-Bauch gegen Zentral-Hirn. Wo ist die goldene Mitte?

Am Wochenende setzt sich ASAPMAD (eigentlich heißt er schlicht Anton) auf seine Terrasse, holt tief Luft, schaut bei einem guten Gläschen ins Grüne und denkt nach: muss ich mir das alles antun?

Er knobelt an einem Past-Future-Levelling, na sagen wir lieber Ausgleich zwischen was mal war und was noch alles kommen wird. Einer Art work/life-Balance zwischen früher und heute, langsamer und schneller, draußen und drinnen, geschäftlich und privat, emotional und rational, hochelektronisiert oder i-b-m – immer besser manuell. Die Bewertungskriterien sind wahrlich nicht einfach zu packen. Man will ja schließlich nicht den Anschluss verpassen. Macht man ausnahmslos jede Innovation mit, läuft man jedoch Gefahr, das Wesentliche aus dem Auge zu verlieren.

Jetzt stärkt er seine Stärken:

1. Kommunikativ ist er, „schwätzen“ kann er. Also: Ausbau der persönlichen Gespräche bei denen, die das persönliche auch lieber mögen (auch am Telefon!). Nicht alles nur noch per e-mail, da werden Missverständnisse schnell zu Viren-artigen Rückfragelawinen.
2. Technisches Verständnis hat er. Aber eher maschinenbaulich, nicht mikroelektronisch. Also: mit Modellen, Anschauungsmustern arbeiten – bei denen, die das so auch lieber haben. Diese gezielt finden und auch mal out of records persönlich vereinnahmen.

Und er schwächt seine Schwächen:

1. Besuchsberichte schreiben – igitt. Die heutigen Datenbanken verlangen zwar viel, sind, wenn man gut genug drin ist, aber auch sehr schnell. Also: einmal die Zeit finden, das alles richtig zu fressen und dann mit Quintessenzen und Schlagwörtern belegen. Das Wort Bericht passt eigentlich schon nicht mehr – Prosa liest keiner mehr. Besser nennen wir's Ergebnisprotokoll.
2. Kaltakquise – pfui deibel. Also: Stammkunden so gut pflegen (das heißt heute in Konsequenz erneut: Datenbank pflegen!), dass man nicht so viele Neukunden braucht. Kollegen finden, die das vielleicht besser können. Sich in einer Art Patenschaft gegenseitig unterstützen. Und vor allem: konsequent sein. Ein halb schlauer Computer ist noch schlimmer als gar keiner!
3. ...

Falls Ihnen das Levelling oder die Terrasse fehlt: reden Sie mit Ihrem Chef darüber! Denn wer möchte schon ASAPMAD werden – schnellstmöglich verrückt? Besser doch entzückt: mit dem Notebook auf der Terrasse, Kinder und Hund drumherum, Chef zufrieden, Kunden auch, Konto auch, Bauch auch.

Selbststeuernde Teams

Foto: Peter Kaminsky

Die leibhaftige Angst eines um seine Autorität besorgten Managers führte kürzlich zur Versprecher-Fehlleistung „selbststreunende" statt „selbststeuernde" Teams - während einer Kreativ-Konferenz. Es ging darum, neue Formen, ungewohnte Initiativen zu entwickeln, Effizienzen zu steigern, Kosten zu senken, Verantwortung zu delegieren, Motivationen zu steigern.

„Vertrauen ist gut, Kontrolle ist besser" - dieser Lenin zugeschriebene Grundsatz wird speziell im Service-Bereich als immer unsinniger erkannt.

Drei interessante Begründungen dafür wurden in dem Meeting gefunden:

1. Die fachliche Kompetenz wird als selbstverständlich vorausgesetzt und kann deshalb nur generell kontrolliert werden („Fachwissenprüfung").

2. Die methodische Kompetenz zeigt sich im effizienten Problemlösungsvermögen und kann deshalb nur näherungsweise kontrolliert werden („Simulationsprüfung").

3. Die soziale Kompetenz stellt sich im jeweiligen zwischenmenschlichen Situationsgefüge dar und kann deshalb nur punktuell („Kundenzufriedenheits-Check") kontrolliert werden.

ERA hin oder her - bisher hat im Service-Bereich weitgehend die Hierarchie geherrscht: „Oben wird gedacht, unten wird gemacht". Man hat auf die fachlichen Leistungen (Reparaturergebnis), auf vernünftiges Arbeiten (Routinebasis) und auf anständiges Verhalten (Beschwerdefreiheit) gebaut. Die Einhaltung dieser „preußischen Ordnung" wurde nicht selten über perfektionierte, aufwendige, ineffektive Kontrollmethoden sichergestellt - mit ausgeprägtem Demotivationseffekt und Null-Fortschritt-Resultaten.

Wohin geht der Trend?
Wir lernen aus der in der Industrie mit guten Ergebnissen eingeführten Gruppenarbeits-Organisation: sie läuft zwar oft chaotisch ab, bewirkt aber enorme Prozessverbesserungen, weil sie die Initiative jedes Einzelnen als wesentliches Prozess-Gestaltungselement berücksichtigt.

Wie sieht dieses Lernen konkret aus? Hier die Antwort: Wir installieren feste und/oder auch projektbezogen variable Teams, verschwören sie auf die Ziele, entlohnen sie ergebnisorientiert und überlassen sie weitgehend sich selbst, indem wir die Aufgabe + die Kompetenz + die Verantwortung zur zielorientierten Selbststeuerung in das Team übertragen.

Wir legen die Rahmenbedingungen fest und fordern Kreativität, Initiative, Innovation, Einsatzlust heraus. Wir installieren das Klima der Entfaltung.

Das klingt alles ganz schön. Ist das in der Praxis auch machbar? Hier die geballte Erfahrung aus der Beobachtung von führenden Unternehmen in der pragmatischen Form von zehn Durchführungs-Tipps:

1. Vermeiden Sie unbedingt "kosmetische" Umorganisationen: dieselben Prozesse mit denselben Personen (ab sofort ohne Titel und Hierarchie) - das klappt nicht. Das bringt nur Frust.

2. "Mischen" Sie die Teams auf: neue Gruppendynamik (erfahren/neu, jung/alt, zentral/dezentral, spezialisiert/integriert ...) ist unabdingbar nötig.

3. Gewinnen Sie alle Teammitglieder zur 'Zusammen-Arbeit' durch Information, Integration, Motivation. (Das Gegenteil wäre das "Gegeneinander-Nichtstun").

4. Kommunizieren Sie die Ziele sonnenklar, zweifelsfrei, quantitativ und qualitativ realistisch - und zwar in gemeinsamer Arbeit mit denen, die sie als Team dann erreichen sollen.

5. Praktizieren Sie "Management by Exception": Sie halten sich fern, wenn's läuft, Sie sind "stand by", wenn's brennt. Sogenanntes „Führungsprinzip der nahen Distanz".

6. Bestehen Sie auf einem transparenten Entlohnungssystem, das Team- und Einzelleistungen adäquat berücksichtigt.

7. Fixieren Sie Teams nicht auf die Dauer: Job-Rotation, Projektmanagement, "Help-Teams", variable Delegation sind "Frischzellen" für das Teamworking.

8. Differenzieren Sie das Controlling auf fachliche, methodische und soziale Performance.

9. Vermitteln Sie Ziel und Stil der konsequenten Kundenorientierung: gebraucht wird, wer vom Kunden auf die Dauer „gerne" bezahlt wird.

10. Haben und behalten Sie den Mut zu Veränderungen: nichts ist stetiger als der Wandel.

Eigentlich ist es doch faszinierend, wie der Service-Bereich zur strategischen Waffe der Kundenbindung und somit der Unternehmenssicherung wird. Oder sind Sie - noch - nicht dieser Ansicht?

Reformstau im Service

Foto: sciondriver

Fast wäre es mal das Unwort des Jahres geworden, das treffende (wenngleich unschöne) Wort "Reformstau". Im Servicebereich hätte die Wahl ins Schwarze getroffen: wie viele Mankos sind erkannt, in Diskussionen breitgetreten und dennoch wie bisher belassen worden!

Da müssten Serviceleistungen kostengerecht kalkuliert werden. Da müssten Serviceleistungen mit Vertriebsanstrengungen synchronisiert werden. Da müssten Serviceleistungen intern erkannt und anerkannt werden. Da müssten Serviceleistungen als Kunden-Bindungsmaßnahmen vermarktet werden. Da müssten Serviceleistungen auf den Produktlebenszyklus bezogen werden. Da müssten Serviceleistungen entsprechend dem Kunden-Lebenszyklus (vom Gewinn bis zur Abwanderung) differenziert werden. Da müssten Serviceleistungen weniger improvisiert und mehr systematisiert werden. Da müssten Serviceleistungen nicht nur rhetorisch, sondern strategisch kommuniziert werden. Da müssten Serviceleistungen usw., usw., usw.!

Woher kommt er eigentlich, der "Reformstau"?

1. Einmal aus der Vergangenheit: vermiedene Kosten sind keine Kosten - so scheint es, wenn man kurzfristig rechnet.
2. Zum andern aus der Hierarchie: wer „ist" schon der Service? - "Notwendige-Übel-Abteilung"?
3. Zum Dritten aus der Gewohnheit: was schon immer so war, kann doch nicht so falsch sein.
4. Zum Vierten aus der Bequemlichkeit: um Anerkennung und Bedeutung kämpfen mit dem Ergebnis, dann gar keinen Feierabend mehr zu haben?
5. Zum Fünften aus der "Vogel-Strauß-Perspektive": wir sind doch gut, die andern nicht!
6. Zum Sechsten aus dem Mangel an "strategischem Kampfgewicht": wo wird der Service schon als die Methode der Kundenbindung schlechthin erkannt, realisiert, kapitalisiert?

Neulich wurde bei einem Workshop... (Teilnehmer = 10 Serviceverantwortliche aus 7 Unternehmen aus 3 Branchen, Gesamtumsatz etwa 1 Mrd. EUR - also größerer Mittelstand)... das Ideen- / Maßnahmenpotenzial ermittelt: durchschnittlich wurden je 11,4 Projektvorschläge in 2007 und 2008 gemacht, davon bekamen 3,2 vom Management „grünes Licht" (davon aber 1,3 mit erheblich gekürztem Budget).
Liegt's an der nicht genügend durchschlagenden Präsentation/ Argumentation?
Liegt's an der Uneinsicht des Topmanagements?
Zu deutsch: liegt's an mir oder liegt's an anderen?

Die Bedeutung des Service, der Kunden-An- und Kunden-Einbindung und somit Kundenkooperation, wird heutzutage in jeder Gazette beschworen, in Weihnachtsreden ausgeschmückt, in Seminaren breitgetreten. Und was geschieht? Schauen wir doch einmal die echten Serviceleistungen in "modernen" Branchen wie z. B. Telekommunikation an: wenn wir den Maßstab gelten lassen, "Qualität ist das, was der Kunde dafür hält", dann ist die Vokabel "Servicewüste" wohl nicht zu weit hergeholt. Wie sich das auf dem Markt auswirken wird, lesen wir täglich in der Zeitung: die Verantwortlichen stecken im Reformstau. Sie nicht? Gratulation!

Im Kopf fängt's meistens an

Welcher Chef klagt nicht immer wieder über Motivationsmängel bei seinen Mitarbeitern? Null-Bock-Einstellung, Kassiermentalität, Qualitätsmängel, Verantwortungsflucht, Verstecken im Team, freizeitorientierte Schonhaltung. Woher kommt das alles nur? Früher war's doch anders! Warum identifizieren sich die Mitarbeiter oft nicht als echte Mit-Arbeiter mit Strategien, Aufgaben, Maßnahmen des Unternehmens?

Welcher Controller hat nicht schon die Leistungsausfälle, Fehlerquoten, Leerzeiten, Kostenschlampereien zu dokumentieren versucht, die durch die „inneren Kündigungen" verursacht werden? Wer sah sich daher nicht mit dem „Dunkelziffer-Problem" konfrontiert: Befragungen ermitteln oft „gute" Arbeitsvoraussetzungen und Leistungsbereitschaften. Beobachtungen von Praktikern lassen das Gegenteil offensichtlich werden. Was tun?

Da gibt es doch überall Motivationsseminare, in denen Gurus Momentanwunder bewirken. Wie gedopt kommen doch die Mitarbeiter aus solchen Veranstaltungen. Management by buying – statt Management by making?
Das funktioniert nicht (lange). Motivation muss von innen kommen, Entfaltungswillen erkennen lassen.

Früher, als der preußische Gehorsam noch eine Volkstugend war, hatten's die Chefs tatsächlich einfacher: Befehl >> Gehorsam >> Strafe war der simple Regelkreis. Die Hierarchie (das heißt übrigens: „heilige Herrschaft") hat ausgedient. Die Menschen sind heute selbstbewusst, selbstorientiert: wer sie nicht gewinnt, der hat verloren. Und das Gewinnen ist ein komplexer Prozess von Sympathie, Akzeptanz, Information, Dialog, Überzeugung, Delegation, Motivation, Mit-Arbeit, Selbstentfaltung, Feedback, Eigenverwirklichung bis hin zur Machtentfaltung.

Gewinnen wird als Vorgesetzter, wer als gewinnend von seinen Mitarbeitern erlebt wird. Know-what und Know-why und Know-how – von der Vision über die Mission zur Aktion. Die Sinnhaftigkeit des eigenen Tuns setzt innere Kräfte der Motivation und der Identifikation frei - man vergleiche dies bitte mit der Motivation von Spitzensportlern. Leistungslust gibt's noch, aber nicht umsonst! „Verkaufen" Sie Ihr Programm Ihren Mitarbeitern – nur dann werden sie Mit-Arbeiter. Dort, wo Team- und Gruppenarbeit funktionieren, macht man's so.

Die hektische Betriebsamkeit des Alltags verschüttet oft die besten Absichten. Man würde ja gerne, wenn man dazu käme... „Demnächst" wird's – auch wieder nicht! – angepackt. Alles bleibt beim „Alten", und dann „stinkt der Fisch manchmal vom Kopf her" – aufwendige Reorganisationen sind oft nur Feigenblattaktivitäten, die noch mehr Tagekapazitäten verschlingen und das Thema nicht an der Wurzel pakken: „außer Spesen nichts gewesen."

Foto: DoJoe

Im Kopf fängt's meistens an. Sehen wir das positiv: machen Sie Ihren Kopf frei, gewinnen Sie die Köpfe Ihres Teams, dann gewinnen Sie die Herzen automatisch dazu. Dann haben Sie wieder Mitarbeiter. Dann stimmt auch die Performance wieder. In trockener Managementsprache heißt das: Zielvereinbarung + Delegation + Coaching + Controlling...

Aber so trocken muss/sollte es gar nicht sein.

Bloß keine schlafenden Hunde wecken

Foto: Herr Bert

Unser Chef, Herr Anpacker, war letzte Woche in St. Galizien bei einer Management-Tagung und kam mit dieser Erkenntnis wieder: unseren Service sollten wir zum Thema der Werbung machen. Langzeitverantwortung für unsere Maschinen im Interesse unserer Kunden... Die GL-Runde ist zur Stellungnahme aufgerufen (da sitzen offenbar keine Unternehmer-Typen drin):

Herr Dr. Dr. h.c. Haarspalter, unser ergrauter Hausjurist, empfiehlt hartnäckig Folgendes: „machen Sie um Himmels willen die Service-Bereitschaft nicht zum Thema der Werbung. In Zeiten der exzessiven Produkthaftungsansprüche können unsere Kunden daraus fatale Leistungsanspruch-Volumina ableiten. Das kann unendlich teuer werden".

Herr Dipl.-oec. Knauserig, unser profilierungswütiger Controller, legt im GL-Meeting eine Powerpoint-Fünfjahresstatistik vor, wie immens die nicht weiterberechneten Servicekosten gestiegen seien. Die Kunden fräßen den Gewinn schlichtweg auf. Dann auch noch für den Service zu werben, sei mit Verlaub blanker Selbstmord.

Herr Dr. Präzisius, unser weitblickender Qualitätsleiter, hat in den letzten Jahren die Geschäftsführung zu hohen Investitionen in die Qualitätskontrolle veranlasst (zum Selbstschutz spricht er heute von Qualitätsmanagement – offenbar alter Wein in neuen Schläuchen). Künftig werde man so perfekt produzieren, dass der Service ohnehin kaum mehr nötig sei. Also sei es inopportun, für ihn zu werben.

Herr Dipl.-Ing. Abstraktmann, unser visionärer Entwicklungsleiter, philosophiert von indikativ-modularem Selfrepairing durch die Kunden, supported durch unser superbes Distance-Diagnostic System. Service degeneriere zur Ersatzteile-Logistik. Warum dafür werben?

Herr Dominator, unser Senior-Verkaufsleiter, hat bzgl. des Service eine eigene Lebensanschauung: „der Kavalier macht's, genießt und schweigt". Services seien peinlich für's Qualitätsimage und somit schädlich für künftige Verkaufsverhandlungen. Service-Werbung wecke nur schlafende Hunde (interessant, dass seine Kunden für ihn offenbar Hunde sind – aber das nur nebenbei). „Das vorgesehene Werbegeld stecken wir lieber in ein paar saftige Rabatte, um der Konkurrenz mal zu zeigen, wo bei uns der Hammer hängt" (Beifall für diesen markigen Ausspruch in der GL-Runde! – nur der Chef klatscht nicht).

Herr Genialowski, unser alerter Werbechef, stellt nach Rücksprache mit dem Leiter seiner Werbeagentur (beim chinesischen Essen...) kategorisch fest, Werbung brauche immer ein Objekt. Und Service sei nun mal kein Objekt („machen Sie doch mal ein Photo einer Service-Performance!").

Er sei zwar zu schier jedem kreativen Kommunikations-Kunststück bereit und mit der Agentur in der Lage, aber Werbung für Service – das sei per se irreal.

Herr Gutwillig, unser bodenständiger Serviceleiter, steht mit seiner Mannschaft auf verlorenem Posten. Bisher hat er sich seine Werbe-Broschürchen immer selbst gebastelt, weil ihm die Agentur zu verständnislos, arrogant und zu teuer war. Was ganz Neues fände er schon toll. Er würde gerne wollen, aber er weiß nicht, wie er sich hier fordernd artikulieren soll...

Herr Stiefkind, unser engagierter Logistikleiter, resigniert ebenfalls: „dann müssen unsere im Wettbewerb doch laut letzter Kundenzufriedenheitsanalyse durchaus überlegenen Service-Potenziale halt unheimlich heimlich bleiben. Wirklich schade, ich dachte, man könne das publizieren und dann gutes Geld im Service verdienen. Aber ich bin ja kein Marketing-Kommunikationsprofi ..."

Nächste GL-Runde, vier Wochen später. Schock! Der ziemlich branchenneue Wettbewerber, die Firma „Besser statt nur gut GmbH" tritt mit einer pfiffig-aggressiven Werbekampagne auf.

Aufreißer-Themen wie...

- „Bis gestern hatten unsere Kunden unerfüllte Service-Wünsche. Ab heute sind wir da..."
- „Die Service-Fehler der anderen sind unsere Service-Frischzellen..."
- „Bei uns ist der Service Chefsache – und zwar seit anno toback..."
- „Wir halten im Service das, was andere versprechen..."
- „Service ist Dienstleistung. Wir wollen dienen und wir können leisten..."

... wecken Neugier, veranlassen Kollegengespräche, verlocken zum Ausprobieren...
... und wirken nur, wenn solide Leistungen dahinterstehen.

Dafür sorgt ein „ausgekochtes" mit qualifizierten internen und externen Trainern durchgeführtes Personal-Entwicklungsprogramm, das fachliche, methodische und besonders kommunikatorische Fähigkeiten vermittelt. Manche durch Erfahrung zementierte Meinung steht wie ein Denkmal neuem Denken im Weg.
Wir müssen vom Denkmal zum „denk-mal" kommen! Die Führungsaufgabe: „reset of people".

Der alliierte Profilverlust

Foto: Rev Dan Catt

Theo Träumer schlenderte frühmorgens am Flughafen durch diverse Abfertigungshallen. Noch etwas verschlafen suchte er nach dem richtigen Terminal und stellte sich instinktiv an der längsten Schlange an. An den anderen Schaltern war schließlich keiner zu sehen. Selbstsicher hielt er ein Bündel Internetausdrucke in der Hand, die viele wichtige Nummern zeigten; da wird die richtige schon dabei sein. Nach 15 min – die Zeit wurde langsam doch etwas knapp – kam er dran: „Hamburg oder Berlin?" fragte die adrette Dame im bunt gestreiften Kostüm. „Hamburg!". Na bitte, so einfach geht das heute. Sie scannte allerlei Zettel und sagte süffisant: „Sie fliegen gar nicht mit Air Bonn, Sie fliegen mit Teutonic Wings!"

Peinlich! Falscher Schalter, falsche Airline, 20 min vergeudet, Gelächter in der Schlange. Na wenigstens den Kaffee für 5 €? gespart: auf einmal wurde ihm heiß und wach war er jetzt auch. Was geschah?

Als alter Schnäppchenjäger buchte er natürlich im Internet. Unter HurraHappyFly fand er das passende Angebot, vollautomatisch durchgeroutet und mit allen Airline-Servern verbunden. HappyBilligerDigits gab's auch noch, die wird man schon irgendwo einlösen können. Also Zeile 1 gebucht, das Billigste steht ja oben.

An den Internetauftritt von HurraHappyFly kann sich Theo kaum noch erinnern: bunt war er, mit viel Kleingedrucktem. Welche Airline? Kein Logo erkennbar, wird schon auch im Kleingedruckten stehen. Bei wem hatte er jetzt eigentlich was gekauft? Portal hier, Tickets dort, Flug sonst wohin, Inkasso wieder woanders, Rechnung nur auf Nachfrage, Betreuung im Servicefall: ja durch wen eigentlich? Aber billig war's.

Als auch noch der Bus auf dem Rollfeld anhielt, kam Theo mit Mark-Dieter ins Gespräch, der sich einen Namen als Digital-Marketingguru gemacht hatte.

Er zündete die Gedanken von Theo noch so richtig an:

- Der Konsument von gestern ist der User von heute. Käuferverhalten findet längst vor der Tastatur statt!
- Dienstleistungen werden nicht mehr nur nach Leistungsinhalten, sondern auch nach Phasen im Geschäftsprozess segmentiert!
- Markenprofilierung heißt somit Herausstellung einer gut gelösten Prozessphase!
- Die Kundenzufriedenheit lässt sich reziprok zur Zahl der Systemabbrüche messen!
- Die Markenbekanntheit der geklickten Lösung muss in Sekundenbruchteilen generiert werden!
- Auffälligkeit ist Trumpf: ein gewisses „Hä?" lockt zum Nachklicken, so kann eine Werbeerinnerung gesteigert werden!

Es ruckelte. Der Bus fuhr weiter und Theo versuchte, die roten Fäden von Mark-Dieter um sein Airline-Erlebnis zu wickeln.

Was könnte so ein Dienstleister wie Teutonic Wings denn außer chicen Uniformen und bunt lackierten Flugzeugen noch tun, dass ihn auch seine blödesten Kunden, die ihn über den billigsten Provider erreichen, noch prägnant und positiv wahrnehmen?

- Channel Branding: bei strategischen Allianzen über mehrere Prozesspartner hinweg die eigene CI durchhalten, auch nach etlichen Internet-Links und Logins!
- Interface Branding: bei Schnittstellenanbindungen unbedingt darauf achten, dass außer den Inhalten auch die visuelle Anmutung klar erkennen lässt, wo sich der Kunde eigentlich gerade befindet!
- Output Branding: an der optischen Entwicklung der Druckformulare nicht sparen, denn die Dokumente sind die letzte und im Folgeprozess ggf. einzige Verbindung vom Kunden zum Dienstleister!
- Payment Branding: dem Bezahler deutlich zeigen, bei wem er für was bezahlt. Bei Unterauftragnehmern, die dem Kunden die Rechnung stellen, durchsetzen, in den eigenen Leistungspositionen auch das eigene Design unterzubringen!
- Transaction Branding: prägnante und positive Buchungstexte ansetzen, die dem Kunden beim Lesen seiner Kontoauszüge trotz Sollposition noch ein gutes Gefühl geben!

Schön, dass Theo etwas gekauft hat. Noch heute schaut er gern auf seine Abbuchung. Wenn alle so einen Spaß am Kaufen hätten, freute sich auch der Staat. Ein Hoch auf die Konjunktur!

Der Digitale Kabelbrand

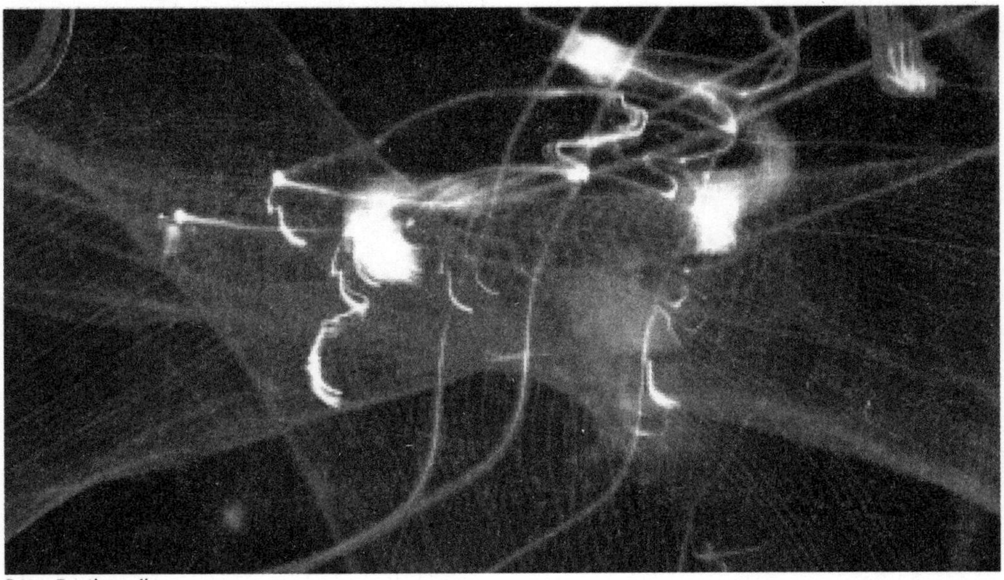

Foto: Exothermik

Diagnose 1990: Rauch steigt aus der Motorhaube eines Citroen DS, seinerzeit schon ein Oldtimer, Stolz des frisch gebackenen Diplomingenieurs im ersten Job. Der Rauch deutet auf ein Schmoren hin, das unweigerlich von irgendwelchen Gummiteilen zu stammen scheint. So riecht es zumindest. Also: beherzter Griff an den Batteriepol: mal kräftig reißen, dann wird der Stromkreis schon zu unterbrechen sein. Nach 15 Sekunden ist der Spuk vorbei.

Die Bricolage, wie der Franzose sagt, ist schnell behoben: alte Kabel abgeknipst, mit dem Schraubenzieher ein Loch durch die Stirnwand gedrückt und ein paar ehemalige Lautsprecherkabel verlegt: das Zündschloss wird kurzerhand neu verdrahtet; ein ausgedienter Klingelknopf dient nun als Insider-Starter und Wegfahrsperre zugleich...

Diagnose 2010: leuchtet da rot und frech mitten zwischen Tacho und Drehzahlmesser seines ziemlich neuen Diesel-PkW ein „Check Engine"-Symbol! Auch das noch, dachte sich der inzwischen erfahrene Ingenieur und Computerfreak, der doch damals E-Technik mit 2,3 bestanden hatte. Ein Blick unter die Motorhaube: sieht aus wie im Tupperware-Sortiment, alles sauber mit tollen Kunststoffen abgedeckt – kein Störfeuer zu erkennen. Ach ja, hier 4 so Rohre, scheint der Auspuffkrümmer zu sein, das war's dann.

Nun gut, unser Computerfreak schaut ins Bordbuch , ist bestimmt nichts Schlimmes. Seite 449 Kapitel 13 der Hinweis: siehe unter Dieselmotorisierung. Im Diesel-Kapitel dann schließlich: „... wird dringend empfohlen, eine Werkstatt aufzusuchen". Tags darauf in der Werkstatt am Schalter: „Au-wei-a, das kann teuer werden, wahrscheinlich die Lambda-Sonde". „Werter Herr Serviceannehmer, ich habe doch einen Diesel". Au-wei-a, der Kunde ist nicht doof und überdies ganz schön „von oben herab". Also schnell an den Kollegen verweisen... Da kommt schon der Experte mit dem blauesten aller Blaumänner und meint jovial: „meistens wirklich nichts Schlimmes, aber manchmal halt doch. Gut, dass Sie hier bei uns im Fachbetrieb sind!"

Die Ingenieurs-Neugier leuchtet auf: wie kommt es denn zu solchen fatalen Aussagen-Abweichungen? Ergebnis: die Produktentwicklung hat die Serviceentwicklung überrannt. Der Wert eines modernen Autos besteht schon zu über 40 % aus Elektronik. Kosten diese paar Chips denn so viel, (ein Handy gibt's doch auch für 0 €)?

- Die Hardware ist das eine, die Bedatung, also die Programmierung aller speicherbaren Funktionen, das andere. In Autos der neuesten Generation mit richtig viel Luxus sind mitunter über 70 (!) Steuergeräte verbaut. Da muss man dem Regensensor an der Frontscheibe auch beibringen, dass er im Rückwärtsgang ja weniger Tropfen abbekommt, aber trotzdem ein Scheibenwischen veranlassen sollte, zusätzlich auch noch hinten.
- Solche Bedatungsprojekte fressen gewaltige Kapazitäten, da müssen in der Fahrzeugentwicklung schon einige Mannmonate lang alle Eventualitäten durchprogrammiert werden.
- Die Wechselwirkungen der verschiedensten Steuergeräte machen den Entwicklern immer noch zu schaffen. Verschiedenste Generationen, Verbindungen, Bussysteme, Packalgorithmen, Speicherroutinen, Betriebssysteme u.v.a. machen das „Exception Handling“ schon irgendwann zum Alltag.
- Zeit- und Kostendruck zum Launchtermin der neuen Modelle, da und dort ein Zulieferer-Firmenverkauf, der einen Komponentenwechsel erzwingt, aber die Neukomponenten-Integration doch etwas vernachlässigt. „Poor Quality due to poor electronical Engineering“ heißt es dann in der Fachpresse. Die Laienpresse schnappt's gerne auf. Peinlich. Schädlich.
- Der im After Sales jahrelang einzige scheinbare „probate“ Ausweg war der des i.O.-Austausches. „Der Garantiegeber wird's schon richten, dann wechseln wir halt mal alle Steuergeräte, an die wir dran kommen...“

Die Automobilindustrie schlief aber nicht weiter, sondern wurde hellwach. Modernste Diagnosesysteme können binnen weniger Minuten bei der gezielten Fehlerfindung helfen:

1. Wireless LAN-Diagnosegeräte mit Vollintegration zu Expertensystemen, Online-Reparaturleitfäden, elektronischem Teilekatalog und Richtzeitentabellen
2. Menügestützte Fehlersuche mit Symptombäumen
3. automatischer Abgleich via Fahrgestellnummer-Auslesung und werksseitigem Serverabgleich sämtlicher Release-Stände
4. Flashen und Codieren mit aktuellster Software, remote und weltweit
5. Kurztestprotokolle als wertsteigernde Belege für Hersteller, Handel und Besitzer: nur das Beste für mein Auto!

Das „Check Engine“-Lämpchen erlischt, der Fehlercode wird zurückgesetzt, der Fall für kommende Fahrzeuggenerationen ins Headquarter gemeldet und systematisch ausgemerzt. Seven Sigma naht.

Diagnose 2020: Motorhauben gibt es nicht mehr, an die Hybrid-Blocks dürfen nur noch Certified Service Engineers. Improvisationsreparaturen sind verboten. Der digitale „Annahmemeister“ beherrscht 20 Sprachen und begrüßt uns per Webcam. Er weiß dank Plausicheck aus Fahrgestellnummer, KBA-Abfrage und CRM-Systemverschmelzung auch, welche Sprache er einsetzen soll. Service-Diagnose ohne Menschen. Schöne neue Welt?

Der ERA begründete eine neue Ära

Der Service, früher der Kundendienst, war in den meisten Fällen kollegial strukturiert. Differenzierungen oder gar Diffamierungen „Arbeiter versus Angestellte" standen weder in der Ablauf- noch in der Aufbauorganisation einem funktional-kooperativen Rollenverständnis markant entgegen. In anderen Unternehmensbereichen, insbesondere im Produktionsbereich, lagen (bzw. liegen de facto noch) die Dinge deutlich anders. Die historische Entwicklung – vereinfacht plakatiert: „oben wird gedacht, unten wird gemacht" – hat sich sowohl durch die gesellschaftlichen als auch durch die prozessualen Entwicklungen überholt.

Insofern ist – hier als aktuelles Beispiel der Trends interpretiert – der in Baden-Württemberg und in Folge in allen anderen Bundesländern in Zusammenarbeit der IG Metall und der Arbeitgeberverbände/Gesamtmetall entwickelte Entgelt-Rahmentarifvertrag ERA ein Meilenstein moderner Beschäftigungspolitik. Der Begriff „Beschäftigte" ersetzte die historischen Dimensionen „Arbeiter" bzw. „Angestellte" – getreu dem organischen Prinzip „jede Arbeit ist die wichtigste, jeder Beschäftigte ist wichtig". Auch die geschlechtsneutrale Arbeitsbewertung sowie die Führungskräfteverantwortung für individuelle Mitarbeiterbeurteilungen sind zeitgemäße, zukunftsweisende Elemente des ERA.

Was bedeutet das für unsere Führungspraxis im Service?

1. Soziale und funktionale Überprüfung der Erfahrungswerte bzgl. des Zusammenwirkens der Führenden und der Geführten. Bewertung des einzelnen Arbeitsplatzes.

2. Neu-Strukturierung der Kommunikation: in objektiven Dimensionen transparenter, in subjektiven Dimensionen offener und verantwortungsbewusster: der Mensch steht im Fokus.

3. Systematische Mitarbeiterbeurteilung und dazu Beherrschung (bzw. gezieltes Lernen) der Verständigungs- / Gesprächsführungstechniken mit dem Ziel eines fairen Kooperations-/Motivations-Konsens.

4. Erstellung eines spezifisch an den heutigen und künftigen Anforderungen orientierten Mitarbeiter-Beurteilungsbogens in Zusammenarbeit Linienabteilung / Personalabteilung / Betriebsrat: Leistungsergebnis-, Leistungsverhalten- und auch Leistungspotential-Beurteilung und –Besprechung dienen der fairen Entgeltfindung. Günstig ist dazu das Führen mit Zielvereinbarungen.

5. Know how des Führens von Mitarbeiterbeurteilungs-Gesprächen: es geht um die Anerkennung des Menschen („die / der Beschäftigte"), es geht um´s Geld („die Entgeltfindung"), es geht um die Leistung („das Leistungsergebnis, das Leistungsverhalten, das Leistungspotenzial"). Es geht um die gemeinsame Zukunft (Stichwort („Arbeitsplätze in Deutschland"). Es geht also um alles!

Wer die Führungsverantwortung hat, der ist für Effektivität („was kommt raus?") und für die Effizienz („wie rationell gehen wir vor?") gleichermaßen verantwortlich. Menschen führen heißt, sie Ziel- und Eignungs-orientiert zur Entfaltung einsetzen, anleiten, koordinieren, motivieren.

Die professionelle Mitarbeiterbeurteilungs-Gesprächsführung hat - wie auch jede andere verantwortungsbewusste Verhandlung - nichts, aber auch gar nichts, mit Raffinesse, Überrumpelung, Situationsausnutzung oder ähnlichen „über-den-Tisch-zieh-Methoden" zu tun. Vielmehr kommt es darauf an, den Spagat unterschiedlicher Interessen im Sinne und Stile einer wohlwollenden Bestimmtheit nachhaltig zu schaffen. Dazu boten die Unternehmen spezielle (!) Trainings / Coachings an. Sie wurden, weil es ja ein zeitlich begrenztes Akutthema war, meistens externen Spezialisten übertragen. Diese bieten auch den Vorteil, als „lebendige Benchmarks" überbetriebliches Know how parat stellen zu können. So weit – so gut.

Die sehr plakative Aussage (anlässlich einer Personalleiter-Runde) eines Arbeitgebervertreters „der Deckel ist national auf dem Topf" machte einige Anwesende doch ein wenig skeptisch und führte zu einer speziellen Recherche. Das Ergebnis verwunderte nicht unbedingt: die „Sender" waren zufrieden, die „Empfänger" oft nicht. Viele Verhandlungen wurden offenbar „von oben herab" hierarchisch geführt und von den Mitarbeitern eher passiv quittiert. Motivationsgefahr?

Vielleicht ist das auch ein ganz gutes Beispiel für die Problematik mancher Traditionalisten: sie verstehen Tradition als Bewahrung der Asche anstatt der Erhaltung der Glut und des Vorantragens des Feuers...

Durch Bigamie wird keiner happy

Beim Topmanagement sind erfolgreiche Verkäufer hoch angesehen. Bisher genügten dafür der Absatz („Lager leer“) bzw. der Umsatz („Kasse voll“). Wenn der Starverkäufer nachhaltig gute Zahlen brachte, dann war ihm die lobende Erwähnung in Chef's Weihnachtsrede sicher. Gleichermaßen sind auch die improvisationsflexiblen Service-Mitarbeiter hoch angesehen. Bisher genügte dafür die technische Problemlosigkeit („Maschine läuft“) bzw. die Reklamationslosigkeit („Kunde still“).
Noch eine/einer für die Weihnachtsrede.

Die Controller bemängeln zwar die rückläufigen Erträge im Verkaufs- und im Service-Geschäft, aber auch sie wissen nichts Gescheiteres zu singen als das alte und meistens wenig konkrete Lied von der Prozessverbesserung...

Modernes Controlling ist nicht Kontrolle der Vergangenheit, sondern Navigation der Zukunft. Lernen aus Fakten und Zahlen, aus Innovationen, aus Dialogen. Grundsätzlich stimmt das, aber im konkreten Fall? Was heißt eigentlich Prozessverbesserung? Die Logik der Abläufe analysieren und besser synchronisieren, also Arbeiten von Menschen besser abstimmen. Das heißt meistens, die den Prozess realisierenden Menschen besser informieren, instruieren, delegieren, motivieren, kontrollieren. Soweit die unternehmensinterne Sicht. Und nun zur (wichtigeren) Kundensicht:

- Bis zum Vertragsabschluss (Ware und Service) ist der Verkäufer mein Partner
- Ab der Übergabe/Inbetriebnahme übernimmt der Service-Verantwortliche die entscheidende Partner-Funktion (Vertragserfüllung/ Prozess-Begleitung)

Der Kunde will immer nur einen Partner „zum Anfassen“ haben und nicht zwei, die sich vielleicht auch noch gegenseitig die Verantwortung streitig machen oder unterschieben. Der Kunde hat was gegen Bigamie. Er will nicht zwischen den Fronten stehen. Juristisch ist Bigamie bekanntlich verboten/strafbar. Organisatorisch treibt sie häufig Blüten und sollte möglichst rasch abgeschafft/verboten werden.

Das bewirkt dann die geforderte Prozessverbesserung:

- Wegfall „kollegialer“ Kommunikationsverluste
- Strategisch und operational klare Verantwortlichkeiten
- Transparenz der Kosten-Verursachungen
- Nachhaltige situationsgerechte Bindungen
- Besseres Praxis-Feedback „auf einem Kanal“
- Professionellere Kunden(Zusatz)-Bedarfsermittlung
- Kompetentere Nutzung von Cross Selling-Potenzialen

- Faire Analyse und Zurechnung von Ertragsanteilen
- Konstruktive strategische und operationale Konsequenzen
- Rationalisierung/Reengineering der Delivery Chain
- Trainingsbedarfsermittlung/-erfüllung („lernende Organisation")
- Verbesserung des Kunden-Dauerkontaktes („Clienting")
- Besserer Zugang zu künftigen Projekten („kooperatives Engineering")

Verkauf und Service setzen sich zusammen, begraben alte Kriegsbeile, werden kreativ-innovativ und erreichen die geforderte Prozessverbesserung (einschließlich der Erkenntnis, dass diese Aufgabe endlos bleibt...). Gemeinsam stärker werden!
Bei der nächsten Weihnachtsrede hat der Chef dann hoffentlich etwas ganz Besonderes zu vermelden: die beiden wichtigen Bereiche Verkauf und Service arbeiten jetzt viel besser zusammen als je zuvor. Wir haben die Prozesse besser im Griff. Der Abteilungs-Egoismus („Ab"-Teilungs-Egoismus) ist inzwischen Vergangenheit. Gratulation!

Aktives After Marketing statt Teile-Weile

Foto: SergeyRod

Lange dauerte die Weile, bis sie kamen, die Teile. Das war einmal. Heute sind nicht die Läger, sondern die Parkplätze voll. Die Autobahnen auch. Die LKW's erst recht: mit Teilen. Aus Warehousing wird jetzt schon Waretrucking, und zwar weit über die Landesgrenzen hinaus. Die Teile auf den Lastern sind inzwischen auch schön verpackt: mit Stempeln, Zertifikaten, Echtheitsnachweisen, Hologrammen und Genuine-Aufklebern. Als man nur ans Band lieferte, gab's das noch nicht. Doch heute macht der OE/S- und AM-Anteil bei führenden Industrie-Zulieferern schon über 10% des Umsatzes aus, bei den Guten sind das 25% des Ertrages!

EU-weit fallende Wettbewerbsbeschränkungen, Ost-West-Logistiklawinen, elektronische Diagnose-Transparenz, ein Internet-gestützter Punktmarkt und Schnäppchen-Kunden, die sich mitunter schlauer geben als ihre Händler, treiben den freien Teilehandel in neue Höhen.

Große Mengen – große Margen – warum machen wir da noch nicht mit? Die Einführung eines professionellen Teilegeschäftes will wohl überlegt sein:

- „Dazu passen unsere Firmenstrukturen doch gar nicht", sagt die Geschäftsführung
- „Für die paar Ersatzteilfälle können wir unsere JIT-Verpflichtungen ans Band doch nicht in Gefahr bringen", sagt der OEM-Kollege (OEM = original equipment manufacturer)
- „Wir genießen hier Priorität, und „unsere" Ersatzteile verkaufen wir wenn schon selbst", sagt der OEM- und OE/S-Kunde
- „Da müssen wir ja die Logos überkleben oder rausschleifen", sagt der OE/S-Kollege (OE/S = original equipment service)
- „Da brauchen wir ja hundert Hubwagen statt fünf Schwerlaststapler", sagt der Versandleiter
- „Da brauchen wir ja eine ganze Verpackungsabteilung", sagt der Lagerleiter
- „Da brauchen wir erst einmal eine bessere Software", sagt der IT-Leiter
- „Wie bringe ich das meinem Kunden bei, welche Produktunterschiede welche Preisunterschiede rechtfertigen", fragt der Händler.

„Selbst ist der Lieferant", sprach der Inhaber und ließ sich von all' diesen Abers nicht abschrecken. So war er die treibende Kraft des neuen Projektes „NETTI – Neue Ersatzteil-Tochter international".

Dank Expertenhilfe hatte er seine Vision schnell in einer passenden Strategie formuliert:

- Gründung einer Tochtergesellschaft nur für das After Market-Geschäft: Als Business Unit in der Holding mit eigenen Unternehmenszielen, eigener Markt-, Budget- und Ergebnisverantwortung, eigener Order-Fullfillment-Organisation und eigenem Controlling

- After Market-spezifisches Marketing: Branding, Pricing, Power-Selling, Globalisierung. Das bedeutet:
  - Entwicklung und zielgruppengerechte Kommunikation echter Markenartikel
  - retrograde Marktpreissetzung weg von der produktionsnahen Zuschlagskalkulation
  - innovativer Vertrieb neben OEM und OE/S auch an GH, EH und Serviceketten
  - Internet-Broker, webbasierender Direktvertieb usw., und zwar mit ausgebufften Rabatt- und Bonussystemen
  - weltweiter Rollout mit Exporteuren, Landesvertretungen und Importeuren

- Eine flexible Logistik, die die Marktanforderungen erfüllen kann: mit Hilfe einer Top-Informationsverarbeitung werden Zulieferantenkataloge integriert, Streckengeschäfte ausgebaut, verlängerte Werkbänke zur Aufrüst-Wertschöpfung eingebunden, beleglose Multi-Kommissioniersysteme gesteuert, Shop-in-Shop-Verpackungs- und Versandpartner eingesetzt und Satellitenläger verwaltet

- Strategische Allianzen schließlich bringen das geplante Wachstum. Sobald die Strukturen stehen, werden Kaufteile über die gleichen Kanäle angeboten, Vertriebsstufen vernetzt, Joint Ventures mit Portfolio-Ergänzern geschlossen und eine Sortiments-Offensive bis hin zur Mass Customization betrieben

Kaum war NETTI operativ, purzelten die Positivmeldungen aus den verschiedensten Ecken:

- „Endlich eine serviceorientierte Firma, wo der Kunde sich Sonntag abends selber helfen kann", sagte der Privatkunde und bestellte per Internet

- „Endlich ein Vollsortimenter, bei dem ich innerhalb von Minuten meinen Papierkram erledigt habe", sagte der angeschlossene Distributor und bestellte per DFÜ

- „Endlich eine Central-Sourcing-Alternative, die alle Produkte plus der Logistik aus einer Hand anbietet, sagte der Overseas-Einkäufer eines neuen Großhändlers aus dem wilden Westen und bestellte gleich ein ganzes Schiff

- „Endlich Friede an den Fronten, klare kompakte Kundenversorgungsprozesse und Cash in der Kasse", sagten die Gesellschafter der NETTI. Nett, oder?

„Gut gemacht", sagte schließlich das graue Orakel, das sonst immer nur schwarz sieht. Der stetig zurückgehende Reparaturmarkt (längere Serviceintervalle, Modultausch statt Instandhaltung, steigender Elektronikanteil etc.) wird durch die Teileaktivitäten überkompensiert. „Convenience commerce" wissen heute PC-affine Ich-AG's und Du-Auch GmbH's ebenso zu schätzen wie EDIFACT-geprägte Großkonzerne.

Ansager? Jasager? Bescheidsager!

Ansgar Andrew Ahmed Anatopolis ist ein Senkrechtstarter. Fünfsprachig erzogen, ordnerweise Einserabschlüsse, studiert in St. Gefallen, promoviert an der Bourbonne und habilitiert in Hazard, schwang er sich direkt zum CSO – zum Chief Service Officer – einer großen AG auf. Seine Ansage an die Belegschaft geriet vollmundig: „in 2012 erreichen wir eine 1st Inbound Call Reach Quote von 90%, in 2014 sogar 110%“. Aha. Von 100 Anrufen werden also 110 sofort bearbeitet? „Die Recall Rampup Ratio wird sich verdoppeln!“ Soso. Zweimal so viel geplante Rückrufaktionen?

Foto: laffy4k

Er übergab das Wort an seinen Gefolgsmann und guten Freund Jakob, ebenfalls hoch dotiert und Überflieger mit Stationen bei McShiney, Pain, Adventure und Zwerger. Jakob ist der HSO der Firma – Head of Service Operations.

„Jaaa“, sagte Jakob symptomatisch, „wir werden die Ticket Deny Rate auf unter 1 ppm bringen!“ Na denn. Also nur noch eine unter einer Million eingehenden Fehlermeldungen ablehnen? „Gleichzeitig zielen wir auf eine Full Request Run Retention!“ Sowas. Also ausnahmslos jede Anfrage bedienen und umsetzen?

Bert, Betriebsleiter im Rechenzentrum, blätterte hektisch in seinem neuen Wörterbuch „Managerial-Deutsch“ und wurde immer blasser. Er ahnte schon, was nächste Woche passieren wird: lean Service heißt das Modewort der Kaderschmieden – im schlimmsten Fall Rasenmäher-Rationalisierung. Bedenken packten ihn, ob diese schwungvollen Redner (Schwätzer?) ihr Geschäft auch verstehen und seines nicht kaputtmachen. Er musste etwas tun. Nichts unternehmen und hinterher schimpfen ist nicht sein Ding, obwohl er in einem Konzern arbeitet.

Frühere Vorgesetzte schätzten seine Art, er wurde noch nie fürs Mundaufmachen getadelt. Woran lag's?

- Briefing: Jede Nachricht, Anmerkung wurde gut vorbereitet. Mit Kollegen seines Vertrauens erst mal besprochen
- Kundenorientierung: auch ein Chef, ein Projektleiter, ein Kollege einer Nachbarabteilung, ein Stabs-Mitarbeiter ist ein Kunde. Was mag er denken? Was hilft ihm selbst weiter? Was könnte er dagegen haben? Wie formuliere ich es, dass er nichts dagegen haben wird?

- Sachlichkeit: Fakten, Fakten, Fakten. Kompakt erklärte Istzustände ohne subjektive Interpretationen oder Emotionen abbilden
- Präzision: eindeutige Messwerte, quantitative Beurteilbarkeit herstellen, mögliche Missverständnisse wegformulieren
- Klarheit: mails oder Briefe an das Mittelmanagement auch im Stil einer Top Management Summary darstellen. Gliederung, Gruppierung, Aufzählungen, Tabellen, Ausblicke.
- Komplettheit: Gedanken bis zum Schluss, zum realisierten Ergebnis durchdenken und hinschreiben. Ganz im Stil einer Risikoliste nicht nur mit IF und THEN, sondern auch mit ELSE.

Bald lernten sich die drei auf einem Führungskräftemeeting kennen. Anfangs war die Stimmung gespannt, vermuteten Ansgar und Jakob doch in Bert einen internen Intriganten.

Bert positionierte sich als Mitentwickler ohne eigenen Lorbeer-Anspruch und bot eine tabellarische Do- und Don't-Liste als Maßnahmenpaket für seinen IT-Servicebetrieb an. Soll die Strategie obendrüber doch einen beliebigen Kunstnamen tragen, er muss sich damit nicht brüsten.

Nach einigen deutsch-englischen Schlagabtauschen erkannten alle drei, dass sie eigentlich das gleiche Ziel verfolgen: der IT-Servicebetrieb soll noch besser werden! Und keiner tut dem anderen in der Erreichung seiner Ziele weh, im Gegenteil: das Strohfeuer bekommt Substanz, das Management die nötige praktische Kompetenz, die Neuen an der Basis Akzeptanz und die Basis bei den Neuen Toleranz. Hochschule und Helpdesk entwickelten schon bald eine gemeinsame Erkenntnis:

Ansage > 100 & Max(Erfüllung) ≤ 100 => Zufriedenheit < 0
Forderung > 100 & Max(Zusage) ≤ 100 => Zufriedenheit < 0
Ergebnis > 100 & Max(Forderung) ≤ 100 => Zufriedenheit > 0

Schon bald zeigte die Formel Früchte:

- Ansage runter: Es wurde nur das versprochen, was auch gehalten werden kann
- Zusage runter: Durch präzises Aufklären Punkt für Punkt lernten die Kunden, was nun wirklich nicht gehen kann und erwarteten auch nicht mehr alles
- Bescheid sagen rauf: fertig ist jede Arbeit erst dann, wenn sie aus Kundensicht fertig ist. Erst wer Geleistetes auch kommuniziert, wird vom Kunden als Problemlöser gespeichert.

Ansgar, Jakob und Bert lachen über früher und freuen sich gemeinsam auf später. Im Schwabenland glänzten einst die Aufkleber auf den 200 D der Arbeiter, Meister und Direktoren: „net schwätze, schaffe!"

Benchmarking: ist das Know how-Raubkopieren?

Foto: leozaza

„Wenn jemand als Inventor versagt, ist er als Imitator vielleicht doch noch brauchbar" – mit diesem provokanten Kommentar differenzierte mein Physik-Professor einst „die Geister von den Geistlosen". Irgendwie kommt's mir heutzutage so vor, als sei Benchmarking nur so ein Feigenblatt-Begriff für's Kopieren ...

Okay, es ist verdammt schwierig, Unternehmensprofil durch Produktprofile zu erwerben. Aber ist es nicht der solideste Weg? Ist nicht der Unternehmenswert stark von F&E abhängig? Gehen uns die Werbegags (um nicht zu sagen die Reklame-Penetranz) nicht inzwischen arg auf den Keks?

Der amerikanische Werbeprofi Rosser Reeves hat seine berühmte USP-Philosophie 1962 an den Produktprofilen festgemacht (unique selling proposition = allein stellend profilierende Verkaufsargumentation) – und zwar unter dem zentralen Aspekt des Kundennutzens. Wer den nicht bietet, der ist ohnehin zur Insolvenz unterwegs.

Weil die Homogenität („Austauschbarkeit") fast in allen Produkt- und Leistungsmärkten extrem hoch geworden ist und weiter steigt, wird kooperiert, kopiert, fusioniert was das Zeug hält.

Warum hat sich in den letzten Jahren der Kundendienst zum Service und weiter zum After-Sales-Marketing entwickelt? Doch nur deshalb, weil die Verantwortlichen auf Nachfrager- wie auf Anbieterseite erkannt haben, dass Kundenbindung Fairness, Erlebnis-Gemeinsamkeit und Betreuung braucht, damit durch Verantwortung Vertrauen entsteht. CRM! Customer Relationship Management ist ein Prozess ohne Ende. Der kostet aber – oft zu viel – Geld. Also werden Ideen, Kenntnisse, Prozessstruktur-Know how geklaut. Das methodische Deckmäntelchen heißt dann Benchmarking. Ehrlicher wären manchmal Begriffe wie Spionage, Raubkopieren, Unmoral, Diebstahl ...

Gelegentlich wird Benchmarking ja auch für's Spezialisten-Abwerben missbraucht: mancher so genannte/selbst ernannte „Personalberater" lässt sich mangels seriöserer Mandate auf solche kreativen Tricks ein.

Ein jüngst durchgeführtes Manager-Symposium hat folgende Abwehrmaßnahmen definiert:

1. Kein Benchmarking ohne die gegenseitige Überzeugung absoluter Fairness und Korrektheit
2. Kein Benchmarking ohne verpflichtende Copyright-Vereinbarungen
3. Kein Benchmarking im Zusammenhang mit irgendwelchen Wettbewerbsabsprachen
4. Kein Benchmarking, das eigenes Wettbewerbsprofil kosten könnte
5. Kein Benchmarking im noch unsicheren Vorfeld von Fusionsverhandlungen (Know-how-Ausblutung senkt Kaufpreise)
6. Gerne Benchmarking mit Branchen-übergreifendem Lerneffekt
7. Gerne Benchmarking von Produkten/Methoden/Prozessen, die schon bekannt sind oder bekannt gemacht werden sollen
8. Gerne Benchmarking im Kulturenvergleich unterschiedlicher/fremder/gobaler Märkte
9. Gerne Benchmarking innerhalb von Unternehmensberatungen
10. Gerne Benchmarking (unter diskreter Wahrung der Interna) zum Lernen aus markanten Erfolgen oder Flops

Wie praktizieren Sie eigentlich Benchmarking?

Das n-dimensionale Kunden-Memory

Wer hat es als Kind nicht genossen, beim Memory spielen schneller als die Oma zu sein? Damals galt es, zwei Kärtchen zu einem Thema zu finden. War immer so, egal ob Tier-Memory, Auto-Memory oder, oder. Die Business-Version war Kunden-Memory:

Kärtchen 1 erhielt man vom Kunden selbst, Kärtchen 2 war ein DIN-A5-Bogen, auf dem man allerlei Eigenschaften sowie die nötigsten Bewegungsdaten notierte. Das Ganze fand sich oben links am Schreibtisch in einer formschönen Plastikbox mit Rauchglasdeckel. Alle für den Sachbearbeiter Manfred Meier von der Abteilung L-Q relevanten Kunden waren fein säuberlich im Zugriff. Und Manfred war ein guter Memory-Spieler. Karsten aus der Kartei-Abteilung war noch pfiffiger: er tackerte die beiden Kärtchen einfach aneinander.

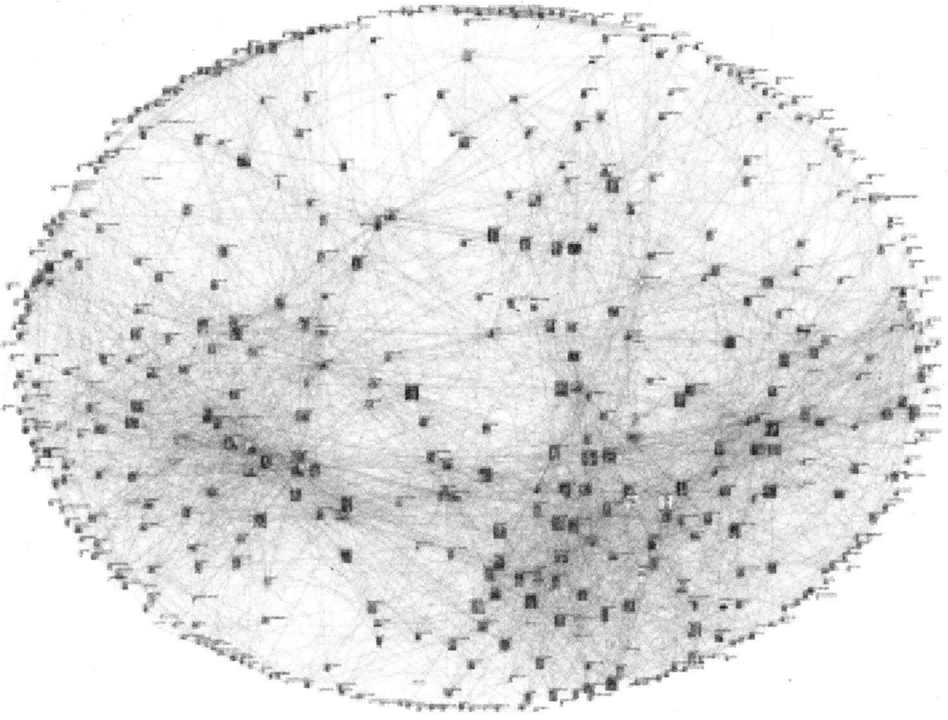

Foto: Marc_Smith

Eine Generation später steht Marvin Meier, Sohn von Manfred, im Berufsleben und soll auch Memory spielen. Doch diesmal mit wesentlich mehr als zwei Kärtchen:

1. Business-Card, genau wie früher
2. Business Community-Profil im Internet
3. Gesprächsnotizen vom Außendienst
4. Kundenstammsatz im Warenwirtschaftssystem
5. Debitorenstammsatz in der Buchhaltung
6. Membership-ID im Kundenbindungsprogramm
7. Pflegefelder der Adressqualifizierungs-Library
8. Shortlist des Doublettenprüf-Optimizers
9. Neuerungen der Nachsende-/Umzugsdatenbank
10. Widersprüche eines Telefonbuch-Cross Checks
11. Hotlead-Profil vom Callcenter
12. Psychographie-Empfehlung von der Agentur
13. Storage-ID verfilmter Rechnungen
14. bisherige Korrespondenz im Papierarchiv
15. 500 alte Geschichten der alten Kollegen
16. 1000 neue Tipps der neuen Kollegen

Schriftliches, Mündliches, Elektronisches, Eigenes, Gekauftes, Gesammeltes, aber fast jedesmal Vergrabenes soll Marvin als Trainee und geplanter Star-Kundenkontakter auf Knopfdruck parat haben. Sein Chef hat ihm vollmundig versprochen, er dürfe sich unter PDA, i-Phone, Blackberry oder Sub-Notebook das für ihn beste aussuchen, dann schaffe er solche Datenmengen problemlos.

Das war die Hardware. Aber damit sind die Daten ja noch lange nicht im Gerät, geschweige denn im Kopf! Also muss eine Software her. Die Amis haben da doch heute tolle Sachen. Unter CRM ergooglet er 73 Millionen Treffer, wenn das nichts ist!

Lösungsorientiert, wie er nun mal ist, macht er sich auf zu allen Ansprechpartnern, die damit zu tun haben (könnten):

- „Da brauchen wir erst einmal ein Pflichtenheft", sagt der EDV-Leiter
- „Das hat doch gar niemand budgetiert", sagt der Finanzleiter
- „Das macht doch alles unsere Telefonakquise", sagt der Marketingleiter
- „Das hat noch nie einer beauftragt", sagt der Gruppenleiter Outbound Calls
- „Das hatten wir früher alles selber im Kopf!" sagt der Vertriebsleiter

Na prima. Jetzt ist er genauso schlau wie vorher. In einer zweiten Runde geht er etwas subtiler vor:

- „Dann erfinden wir halt was Neues", sagt sein Studienkollege
- „Dann basteln wir eben selber etwas", sagt sein Serviceleiter und Mentor
- „Dann stellen wir das auf eigene Beine", sagt sein Großonkel, Visionär und Investor
- „Dann sage ich Dir, was den Leuten lieb und wichtig ist", sagt seine Freundin, die gute Seele einer Zahnarztpraxis

Zunächst entwickelte Marvin einen Business Case: ab welcher Fallzahl lohnt sich was?

- A: Wenige Hunderte bis Tausende: Jeder beliebte Bäcker, jeder flinke Frisör, jeder drahtige Doktor, alle kennen sie ihre Kunden und deren Wehwehchen. Ganz ohne CRM-System.
- B: Zigtausende oder mehr: Großunternehmen müssen zwar anders denken, sollten aber vor lauter Marktwachstum die Philosophie des guten alten Kundenkontaktes wie unter A darüber nicht verlieren.

Die Umsetzungsstrategie hatte Marvin schnell formuliert.

Für sein zwar immer noch mittelständisches, aber dennoch ganz schön groß gewordenes Unternehmen gewann der Querdenker das Vertrauen der Geschäftsführung mit einem mutigen Vorschlag:

1. Einrichtung einer Funktion „Account Management", federführend über alle Belange des Kundenkontaktes, quer durch alle Sparten des Unternehmens

2. Einführung eines finanzierbaren „Shared CRM", das der heterogenen IT- und Operations-Struktur gerecht wird, durch konsequent beschriebene und aktiv betriebene Schnittstellen die nötigen Mindest-Informationen zu jedem Kundenkontakt bündelt und auch genau beschreibt, was alles nicht sein muss. In der Konzeption weitreichend, in der Realisation als Stufenprojekt in verträglichen Portionen.

Guten Appetit!

Das Produkt wird zur wichtigsten Nebensache

Outsourcing, Re-insourcing, Cost cutting, Global buying, Make or buy, Capacity sharing, Tier 1,2,3 usw. usw.... ist es denn inzwischen völlig egal, wer wo die Produkte herstellt, die wir unter unserem Markennamen verkaufen? Und wie gewissenhaft oder leichtfertig das geschieht? Tendenziell scheint das tatsächlich so zu sein im global business – ob wir's glauben bzw. wahrhaben wollen oder nicht. Da hilft kein Beklagen. Hauptsache, die Kosten sind niedrig genug. Und Hauptsache, wir haben das Glück, dass Total Quality drin ist, wo Total Quality draufgeschrieben wurde. Blindflug?

Absolute Alleinstellung per Patentlaufzeit 18 Jahre – denkste! Was wirklich gut ist, wird mehr oder weniger östlich ganz schnell kopiert, ist juristisch nur per Masochismus bekämpfbar – aussichtslose Beschäftigungstherapie. Innovative Revolutionen sind extrem selten geworden, selbst nachhaltige Evolutionen werden schwierig und rar. Der Verdrängungswettbewerb unter den Gleichartigen gleicht dem Kampf der Schwarzen im Tunnel: nur wer Zähne zeigt, wird registriert.

Wenn sich die Produkte so stark ähneln, dann müssen sich eben die Preise stark unterscheiden – denkste! Nur Masse statt Klasse senkt die Kosten. Also Masse bitte, möglichst homogene Masse, möglichst billig bitte. Ergo wieder totale Austauschbarkeit. Teufelskreis, siehe oben. Flucht per Baukasten/Plattformstrategie in Segment-Varianten und Bedarfsnischen? Riskant und kalkulationsunsicher.

Wenn's so nicht geht, dann muss eben mit kreativer Werbung geklotzt werden, schön würzig mit Corporate Identity hinterlegt. Denkste! Über immer weniger substanziellen Unterschied immer lauter zu blöken, ist nicht nachhaltig, wirkungslos und teuer. Bei Waschmitteln mag's funktionieren, bei Produkten mit Service-Umfeld/Nachgeschäft wohl nicht.

Die Logistik wird neuerdings vermehrt als Heilmittel gepriesen. Just in time, just in shape, just in sequence, just in hope! Aber per Patt lässt sich die Partie auch nicht gewinnen: die Logistik-Provider arbeiten ja für jeden, die Werkfuhrparks gibt es nicht mehr.

Hurra, da gibt's noch den Service. Wenn wir den portfoliomässig streamlinen und psychologisch im Rahmen unseres Clienting tough upgraden und als Client Satisfaction Program echt hard sellen, dann kann's doch nur klappen mit den Profit Rates. Wer da nicht cool mitzieht, wird im Zuge des Early Retirement Concepts in seinen Schrebergarten entsorgt. Motto: Happy Hour between Trauer und Flower.

Jetzt mal wieder ganz seriös: gleiche Produkte zu gleichen Preisen bei gleicher Werbung und gleicher Kommunikation – das kann's nicht sein. Per Service-Excellence Kunden zu finden und zu binden, das ist der Weg, so formuliert sich unsere Aufgabe. Zu empfehlen ist Benchmarking bei Würth oder Mövenpick oder Sixt oder auch McDonalds – getreu der Mövenpick-Leitlinie: „wir machen nichts Außergewöhnliches, aber das Gewöhnliche machen wir außergewöhnlich gut".

Beachten wir gerade im Service immer besonders unsere Verantwortung für die Langzeit-Kundenbindung! In einer amerikanischen Autowerkstatt ist mir einmal der Wandspruch begegnet „make new clients, keep the old; the one is silver, the other is gold". Echt cool!

Denn sie tun nicht, was sie wissen...

Foto: John-Morgan

Wer kennt ihn nicht, den berühmten Ausspruch vergangener Zeiten: Wissen ist Macht. Doch gilt das heute noch, wo alles immer schneller wird und sich das weltweite Wissen halbjährlich verdoppelt (!)?

Datenumfänge steigen sicherlich exponentiell, Informationsbedarfe vielleicht quadratisch, aber unser Hirn entwickelt sich noch nicht einmal linear. Viele gut gefüllte Hirne müssen zudem in harten Zeiten ihr Wissen mit nach Hause nehmen, im wahrsten Sinne für sich behalten. Die Aufnahmen und die Speicher fehlen in den Betrieben.

Wird ein in Ehren gealterter Großrechner in Rente geschickt, tun sich teure Spezialisten daran, alle Daten auszulesen. Sofort relevante Informationen werden in neue Systeme migriert, latent relevante Informationen werden archiviert und der Zugriff hierauf sichergestellt. Doch was geschieht mit in Ehren gealterten Menschen? Nicht-Wissen ist Ohnmacht...

Wie managen wir das Wissen von gestern und heute zum Wettbewerbsvorsprung von morgen?

- Wissenstransfer: Erfahrungen aus der Vergangenheit (vor allem bzgl. Kundennähe, psychologisches Feingefühl in der täglichen Kollegen-Kooperation, behutsame Projektzielsetzungen etc.) werden in „Anekdoten- und Event"-Portionen an Nachfolger übertragen.

- Wissensvorsprung: nicht mehr die Großen fressen bekanntlich die Kleinen, sondern die Schnellen die Langsamen. Der Wissensvorsprung führt zum Wettbewerbsvorsprung. Also das Delta an Wissen gegenüber anderen. Sozusagen Wissen pro Zeit, „Wissen Punkt" wie die Mathematiker ableiten würden.

Wie kriegen wir dieses Wissen pro Zeit? Wie erhöhen wir unser Delta Wissen, das wir für den Kunden (aber vor dem Wettbewerb) ausfahren können?

Schneller sein und das Richtige behalten können! Doch wie ist man schnell? Wie speichert man das Wesentliche? Das funktioniert schon heute nur noch per Computer – morgen ist es anders undenkbar.

- Platz: zunächst einmal brauchen wir Speicherplatz, damit Informationen transportiert werden können. Ein Warenlager, das zu 100% voll ist, bewegt sich auch nicht mehr. Also: raus mit altem Wissen, das nicht regelmäßig gebraucht wird (sprich raus aus dem Kopf, rein in Archiv-Medien. Ähnlich wie zu Zeiten des Studenten-Vierkampfes: kopieren-lochen-abheften-vergessen). Fazit: jetzt wäre erst einmal auf der „Festplatte" Platz.

- Temporär-Verwaltung: die „offenen Dateien", gewissermaßen das Umlaufvermögen unseres Wissens, müssen klein, noch besser temporär geschlossen sein. Eine simple Wiedervorlage wirkt da Wunder.

- Zugriff: Ganz offene Informationen, die tatsächlich unseren Prozessor im Kopf belegen und mitunter auch belasten, sollten nur noch die Pfade auf das Hauptwissen, nicht aber das komplette Wissen selbst sein: getreu dem Motto: der liebe Gott weiß alles, der Ingenieur weiß, wo es steht. Top verwaltete Zugriffspfade erlauben schnelles und tiefes Eintauchen in die Materie.

OK, die Taktzahl wäre erreicht. Aber wie schütze ich mich vor „Memory overload"?

- Power-Administration: Ablage machen typischerweise Azubis. Schön einen Ordner bekleben mit Aufschrift „Diverses A-Z 2000-2010". So gibt's bald hunderte von gleichen Ordnern. Werden solche „Allround-Sachbearbeiter" dann als Intranet Content Manager eingesetzt, hat man zwar schnell viel zusammen, sogar elektronisch, aber keinen Nutzen daraus... Also beauftragen wir Top-Fachkräfte mit der Wissens-Einlagerung. Leute, die den Inhalt verstehen und Querverbindungen ergänzen können, damit Zuordnung und Verschlagwortung einen späteren Abruf-Erfolg auch ermöglichen.

- Kategorisierung: jede Information lässt sich mit aussagekräftigen Schlagworten versehen und in Haupt- und Untergruppen gliedern. Im Internet heißen die z.B. Produkte, Ansprechpartner, Finanzkennzahlen... anstatt Forum, Info, Memo, Allgemeines oder solches Wischiwaschi...

- Normierung: wer „neulich den Dings aus dem Stapel da von der Frau Sowieso, wissen Sie die Eine, die immer Dienstags in der Buchhaltung..." und so weiter abgelegt hat, wird seine Information mit etwas Glück allerhöchstens noch selber wiederfinden. Aber wenn mal einer krank ist? Ein angeglichenes Layout und technische Mindesteingaben bedeuten zunächst mal Aufwand, schaffen aber nachher die nötige Transparenz. Jeder Internetroboter wird heute mit sog. <Meta Tags> gefüttert, wo klar in Titel, Keywords, Zeiträume, Autoren etc. unterteilt wird. Neue Webseiten werden somit automatisch richtig aufgenommen

- Semantische Verbindungen: Verbindungen von Quelle A zu Information B müssen thematisch passen und trotzdem beweglich sein. Eine hierarchische Stamm-Ast-Zweig-Blatt-Verdrahtung im Stile einer Stücklistenauflösung kann zu starr werden, hier muss man zu viel selber denken. Inzwischen gibt es neuronale „Fuzzy"-Softwares, die vollautomatisch aus Worthäufungen und Textassoziationen Links herstellen (gesehen bei www.semantikbrowser.de).

Muss man denn alles im Computer abbilden?

- Portal: wichtig ist ein „Eingangstor", das zu allen Wissensinhalten den Zugang liefert: ohne Computer kommt man an Computerinformationen nicht heran. So bietet sich heute ein webbasiertes Portal an, wo u.U. auch mal ein Link drinsteht wie „2. OG, Flur A, Schrank 1, Fachboden 4, Lieferanten A-F" oder „Dr. Schulz (Entwicklung) fragen". Herr Dr. Schulz hat vielleicht 3D-Modelle bei sich oder Schrank 1 beinhaltet Dokumente im Ledereinband... Hauptsache, der Zugriff funktioniert schnell.

OK, jetzt haben wir alles richtig drin. Worauf müssen wir denn beim Abrufen achten?

- Kreativität: wer weiß, wie die Eingabe funktioniert, hat auch die Ausgabe schnell geknackt: Tippfehler, Leerzeichen oder Umlaut-Umsetzungen können Standard-Schlagwörter ganz schön entstellen...

- Verdichtung: Nach Spickzettel-Manier, zu neudeutsch facts per line. Nur das wirklich Relevante sollte in die nächste Aufbereitungsrunde gelangen.

Was macht man nun mit all' dem neu gewonnenen Wissen?

- Karriere: schnell einen finden, der sich dafür interessiert und mir auch dafür dankt: Kunde, Chef, Hörer, Verleger, Verbandspräsidenten, Headhunter, Frau...

Wissen finden ist Macht.

„Einmal lächeln – macht eins fuffzig"

Den Berlinern sagt man zu Recht nach, dass sie die Sachen „rasch und gut auf den Punkt bringen". So brachte ein Berliner Taxifah-rer die innere Serviceverweigerung auf den Punkt. Auf der Fahrt von Tegel nach Hoppegarten quer durch Berlin wurde dem daran offensichtlich wenig interessierten Fahrgast penetrant klar gemacht, dass die Kundenansprüche verrückt seien heutzutage, dass sowieso nichts mehr zu verdienen sei im Wettbewerb, dass alles besch... sei. Der Mann wirkte alt – bestimmt zehn Jahre älter als er ist. Eine traurige Figur! (Kaum Trinkgeld).

Kontrast per Zufall: City-Rush-Hour-Verkehr in New York. Hitze zum Umfallen. Auch ein Taxierlebnis: eine Farbige, ca. 45, fährt das Taxi und singt fröhlich vor sich hin während des Fahrens bzw. des Wartens. „I am happy, my husband loves me, my four children grow up well, my job is okay, I like my life". Die Frau wirkte jünger. Ein beneidenswerter Mensch! (Gutes Trinkgeld).

Freundlichkeit, Menschlichkeit können „Berge versetzen". Aber, wie bringen wir die positive Grundhaltung unserer Mitarbeiter zustande? Wie bilden wir Service-Oasen in der vielzitierten Servicewüste?

- Regel Nr. 1: Die Sinnhaftigkeit des Service zur Kundenbindung vermitteln
- Regel Nr. 2: Verantwortungs- und Entscheidungs-Bandbreiten definieren und kommunizieren
- Regel Nr. 3: Interesse für die praktizierte Service-Phantasie zeigen und zeigen lassen
- Regel Nr. 4: Praktische Psychologie durch Diskussion, Anerkennung, Anregung üben
- Regel Nr. 5: Menschlichkeit (siehe Überschrift!) fördern und fordern, vorleben!

Sie haben's sofort erkannt: der Team-Dialog führt zur Einsicht, zur Änderungs-Bereitschaft. Aber die Alltagspraxis lässt gute Vorsätze oft schnell versanden. Drum ist eine permanente Stilpflege im Service nötig. Fallbeispiele bietet die Praxis in unendlicher Vielfalt. Es kommt meistens nicht / weniger auf materielle Gegenwerte an, viel entscheidender ist die Gesinnung, die Mentalität, die innere Einstellung: Ich versetze mich in die Situation meines Kunden und freue mich, wenn jemand ohne den Gegenwert von eins fuffzig lächelt...

Im Servicebereich haben wir es häufig mit sachlich denkenden Menschen zu tun. Durch Überzeugen kann man sie zur Einsicht bringen und Verhaltensverbesserungen auslösen. Sie erleichtern sich ihr eigenes Leben nachhaltig. Keep smiling, don't worry!

Im Servicebereich sind aber auch die praktisch/lebensnah orientierten Menschen zu Hause, die „das Herz auf dem richtigen Fleck" haben. Durch Begeistern/Vorbild kann man sie zu Verhaltensverbesserungen bringen.

Nichts wirkt besser als die Führung durch Vorbild: fangen wir mit uns selbst an, denn nur wer selbst innerlich „brennt", kann andere Menschen entzünden. Det wär' doch mal ne zündende Idee!

Wir gründen eine Service-Gesellschaft

Geschäftsleitungssitzung. Der Vertriebsleiter ist dran und schwingt eine Rede, die sich gewaschen hat: gebrieft durch seine Key Accounter fordert er absoluten Kunden-Gehorsam. Der Logistikchef springt auf und zollt ihm Beifall: „stabile Abläufe für große Kunden!" Der IT-Direktor untermauert kräftig: „jawohl, keine Sonderlocken mehr, wir brauchen Standards". Der Controllingleiter freut sich: endlich weniger Spalten in der Kostenrechnung. Alle nicken.

Gesellschafterversammlung. „Unsere Kundenloyalität liegt bei 99%, unsere Logistikaufwendungen sanken um 12%, unsere IT-Kosten unterbieten die des Wettbewerbs..." prescht der Hauptgeschäftsführer los".

„Und unser Wachstum?" fragt ein Großanleger, „wie viel Neukunden, welches Marktwachstum, welche Prioritäten beim Ausbau des Portfolios?". Alle überlegen.

Kaffeepause. „Gibt es bei uns auch After Market?" fragt die Erbin der Gründerfamilie. „Oem, wissen Sie, Oem, das ist nur so eine Mode", wirft der Produktionschef ein, „das ist Kleinvieh mit viel Kleinmist, das bringt nur unsere Fertigung durcheinander". Alle schweigen.

Strategiegipfel. Die Erbin zieht eine Studie aus der Tasche und zitiert: „... hat durch die Ausgründung einer Servicetochter das OE/S und After Market Geschäft binnen eines Jahres vervierfacht, international ausgerollt, die Markenbekanntheit um 30% gesteigert und ist mittlerweile die profitstärkste Business Unit...". Alle staunen.

Investmentgipfel. „Why no separate service company?" fragt der beratende US-Banker. „...mit eigenen Unternehmenszielen, eigenem Budget, eigenen Mitarbeitern und eigenem Erfolg..." freut sich der Juniorgeschäftsführer, der seine Chance wittert. „Na gut, aber bitte innerhalb eines gesunden Wachstumsplanes ohne zuviel Fremdkapital", schränkt der Beiratsvorsitzende ein. Alle machen mit.

Servicegipfel (neu): „jetzt muss ein handfester Umsetzungsfahrplan her" stellt die neu einberufene Task force unisono fest.

Also werden die 7 W's durchmoderiert. Alle schreiben auf:

- WAS wollen wir anbieten? Das Gesamtportfolio wird um ein neues, eigenständiges Geschäftsfeld „Services" erweitert. Die Kernabteilungen werden aus der Longlist heraus priorisiert und verabschiedet: Parts OE/S, Parts After Market, Service 24h, Wartung/Inspektion, Technische Beratung, Beschwerdemanagement u.v.a.
- WO ist unsere Leistung abrufbar? Vor Ort oder remote? Stationär oder mobil? Regional oder global?
- WANN ist unser Service für den Kunden da? Zeitversetzt oder online? Mit welcher Erreichbarkeit? Mit welcher garantierten Reaktionszeit? Mit welcher Gesamtbearbeitungszeit?
- WOHIN verkaufen wir? Absatzdimensionen werden erörtert: an Großhandel, Fachhandel, Filialisten, Exporteure, Importeure, Direktgeschäft, Web Shops, Lizenznehmer, Joint Ventures u.v.a.
- WER verkauft bei uns? Eigene Abteilung oder besser eigene Tochtergesellschaft? Make or buy? Full Outsourcing Provider oder Funktionspartnerschaften? Umorganisation aus bestehenden Ressourcen? Oder mit neuen Leuten?

- WIE sind wir organisiert? Als „global services“ unter der Holding? Als Sub-Töchter der Business Units? Als Funktionalorganisation „hinter“ dem Vertrieb oder als Competence Center?
- WIEVIEL kosten wir den Kunden? Transparente Preismodelle. Kundengerechte Kombinationen, die in der Administration keinen Totalumbau heraufbeschwören. Mischkalkulation, Marktpreis-Monitoring, Monopolismus-Margenoptimierung.

Umrühren – fertig?! Alle suchen Bestätigung. Wo fangen wir nur an, wo liegen die Schwerpunkte, wer führt uns an diese Herausforderung heran?

Die 3 O's zeigen uns die Marschrichtung:

- AufbauOrganisation: die richtige Rechtsform, die richtige Innenorganisation, die richtige Integration im Konzern.
- AblaufOrganisation: kundennahe Leistungsangebote, transparente SLA (Service Level Agreements), form-follows-function-Prinzip mit schlanken flexiblen Teams und parametrierbaren Tools.
- ProjektOrganisation: straffe Businessplanung mit reellen und realistischen Gründungs-, Wachstums- und Finanzierungsschritten, Budgetierung und Reporting. Konsequente Ressourcenentwicklung vom Personal bis zur IT, Team Engineering zur prosperierenden Ausgestaltung des neuen Geschäftszweiges neben dem altbekannten Stammgeschäft.

Alle tun's mit innerem Eifer. Motivationsprogramme sind nicht erforderlich. Das Wir-Gefühl bindet jeden in das Gemeinschaftsengagement ein. Erfolgsaussichten: gut bis unschlagbar.

Aftermarket (Services und Teilegeschäft) als eigenständiges Geschäftsfeld

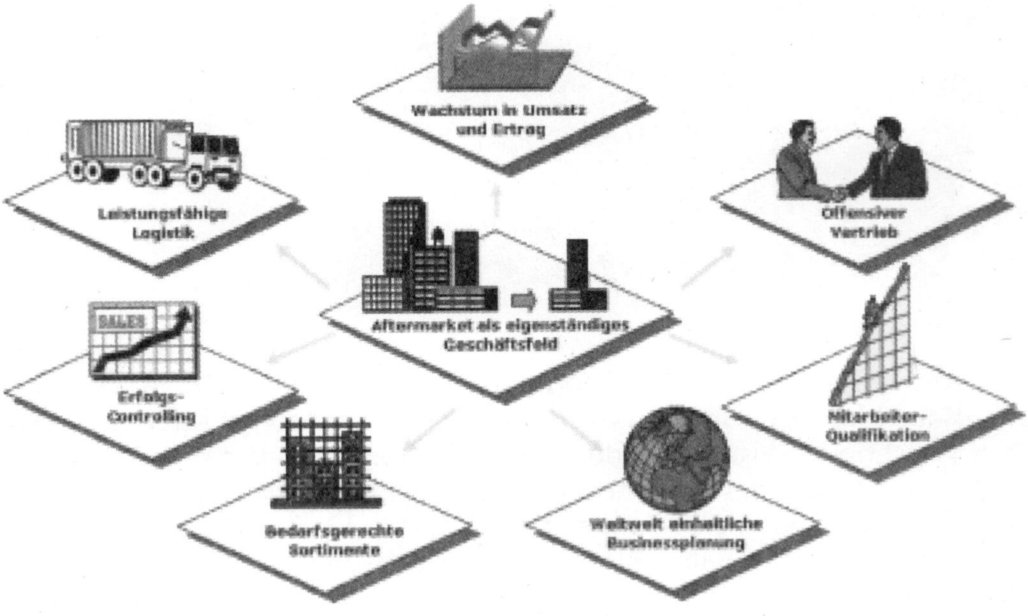

Alles verkauft! Aber auch was verdient?

„Kommen se ran, kommen se rein, wir schenken ihnen nuuur reinen Wein ein!“, so klang es früher vor jeder Kirmesbude.
„Wir sind ein garantiert zertifiziert-autorisierter durch-und-durch-institutsgeprüfter Anbieter mit höchsten Qualitätsansprüchen!“, so klingt es heute im Kleingedruckten so manchen Webshops.

Irgendwann haben sie uns alle. Im falschen Moment, womöglich ein paar Minuten vor Weihnachten oder im ach so entspannten Urlaub wird jeder noch so knallharte Geschäftsmann mal zu einem emotionalen Spontankauf hingerissen: eine Jacke aus echtem sizilianischen Kunstleder oder etwa ein einzigartiger Orientteppich, den es komischerweise bei Ikea für die Hälfte gibt, ein glänzender Jaguar mit Toyota-Motor, ein todschicker Anzug, der leider nicht passt (sagt zumindest die Gattin...) oder, oder.

Die Hardseller, früher noch zu erkennen am grobkarierten Zahnpastavertreter-Sakko und an der Pomadenfrisur, tummeln sich heute mitunter an der Telefonhotline von Internetshops. Dabei sollte doch alles vollautomatisch gehen. Was die Datenbank nicht hergibt, wird eben doch per Telefon bestellt. Egal, ob Skistiefel Größe 49, ein Ersatzglas für ein Teeservice aus den 80ern, eine Lederhose nicht mit Reißverschluss, sondern mit Knöpfen: die Kundenberater können durchweg mehr als ihr elektronischer Katalog.

Foto: Rick's Images

Rhetorisch gewandt wie ein Tangotänzer, konsequent haftend am Verkaufsabschluss wie Pattex: „Ja selbstverständlich haben wir Knöpfe, sogar aus Hirschhorn. Wissen Sie, das gibt es in Deutschland gar nicht mehr. Aber mein Onkel, der hat einen Kumpel in Kanada, dort gibt es noch 28-Ender, und, glauben Sie mir, die krieg' ich noch als Einziger in Europa!“. Ruck-zuck wird die halbe Blaskapelle mit Hirschhornknopf-Lederhosen ausgestattet. Der Internetverkäufer feixt sich eins, hat er doch richtig Umsatz generiert. Extraausstattung - da kriegt er ja noch eine Sonder-Provision drauf! Jetzt schnell dem marktfernen Hosen-Lieferanten den Auftrag durchgeben. Klappe zu.

Auftragsbestätigung. Überraschung. „Wie, die sind inzwischen schon genäht?“ „Ja nein, nur eine, die mit den Extra-Knöpfen, alle anderen mit Normalknöpfen“. „Verdammt, sofort umrüsten! Was, die EDV kann das nicht mehr umdisponieren? Das ging doch früher auch! Sonderfertigung kostet mehr? Aber dann schnell! Lieferzeit Januar? Nahörnsemal, da ist das Oktoberfest längst vorbei! Samstagsschicht mit Zuschlag und Eilzustellung, na gut. Es geht ja um Service, für meinen Lederhosen tragenden Kunden tu' ich alles!".

Anfang Februar der Anruf aus der Buchhaltung: „welcher Hirsch hat diese Hose verkauft?". Wir mussten extra ein Konto anlegen, um diesen krummen Geschäftsvorfall überhaupt abbilden zu können! Das Lastschriftverfahren ging auch nicht, weil die Erlösgruppe im System nicht hinterlegt war. Himmiherrgottssakrakruzifix noamol!". „Liebe Frau, ich habe schon T-Konten gemalt, da gab es Sie noch gar nicht! Bereits im ersten Semester habe ich Millionen durch die Lochkarten geschoben, und Sie wollen mir erzählen, das geht so nicht?".

Aufklärung tut Not. Flexibilität im Sinne des Kunden ist ja etwas Schönes, aber auch nicht mehr, wenn die Firma dabei drauflegt. Was tun?

1. Transparenz: Do & Don't-Kalkulationen offen legen, die einen Normalfall mit Deckungsbeitrag über Null einem worst case unter Null gegenüberstellen

2. Nein-sag-Management: Grenzwerte festlegen, ab wann nichts mehr verdient wird. Höflich vorformulierte Absagen parat halten ist immer noch besser, als für einen Kunden die halbe Firma zu verbiegen

3. Mischprovision: nicht Umsatzprozente allein machen glücklich. Fast jeder Autohändler arbeitet heute mit Bruttoertragsprovisionen. Denn auch Geschichtenerzähler, die zwar alles verkaufen, aber nichts erwirtschaften, lernen am schnellsten über den eigenen Geldbeutel

4. Struktur-Produktmanagement: Produkt- oder Service-Ideen bei Freigabe mit Mindestabnahmemengen versehen. Die Machbarkeit in Entwicklung, Beschaffung, Produktion, Logistik, Vertrieb und Verwaltung gilt für spezielle Varianten manchmal noch strenger als für ganze Produkte.

Beim nächsten Frühjahrsfest schließlich stand der Mann an der Tuba mit den schönsten Knöpfen auf der Bühne. Am Montagmorgen waren die Krüge leer und die Auftragsbücher voll: der Tubist wurde Trendscout, der Telefonverkäufer ein Tabellenkalkulationsfreak, die Controllerin erfinderisch: Hirschhorn-Sonderhose #1 wurde umgebucht auf Werbungskosten. Gerade noch mal gut gegangen!

Gut gezielt ist fast getroffen...

Foto: swimparellel

Modernes Marketing lebt von professioneller Zielgruppen-Ansprache. Wir fahren alle Antennen heraus, um die mehr oder weniger heimlichen Ansprüche, Wünsche und Sehnsüchte der ins Visier genommenen Käufer zu ermitteln. Wenn wir unser Geschäft richtig verstehen, dann kommt ein Produkt heraus, das weder über-ausgestattet noch unter-ausgestattet ist. Weil das den maximalen Nutzen für den Kunden bringt. Für den bezahlt er gerne. Wenn mit dem Produkt nachher irgendetwas nicht klappt, dann will der Kunde auch den (aus seiner Sicht) angemessenen Service (Leistung und Preis). Motto „Qualität ist das, was der Kunde darunter versteht". So weit die Theorie, aber wie sieht oft die Praxis aus?

Sehr viele Produkte und Dienstleistungen werden permanent komplexer, überladener. Man will sich ja durch alleinstellende Features profilieren! Der Kunde wird schon zahlen, für das, was wir so alles können und was er oft gar nicht braucht...

Ein Beispiel für viele ist die Mobil-Telefonie. Die Werbung gaukelt uns vor, alles sei wahnsinnig nützlich, selbst-erklärend und im Handling echt easy. Alles steht ja in 10 Sprachen auf der Packung und im Manual. Da wird man sich im überfüllten XediaX-Markt doch wohl selbst zurechtfinden! Beratungskompetente Verkäufer sind ein Kostenfaktor und deshalb leider immer seltener zu finden. Rette sich, wer kann.

Der Kunde „riskiert den Kauf und hängt nachher drin" – egal, ob er eine Finanzierung, eine Software, ein Motorrad oder eine Digitalkamera kauft. Die freudige Erwartung reibungslosen Funktionierens ist rasch dahin.

Was nicht beherrscht wird, bringt eben nicht den erhofften Nutzen. Der Kunde ist unzufrieden, verbittet sich Ungeschicklichkeits-Vorwürfe und schiebt dem Lieferanten die Schuld zu. Der Service muss her.

Der Einzige, der jetzt noch helfen kann, ist tatsächlich der Service. Er ist ja auch meistens bereit dazu, wenn man ihn nach verschiedenen Hot- und Help-Line-Umleitungen per Callcenter-Weitervermittlungen erreicht hat...

Vorbeugende Prozess-Sicherung ist so ein schöner Modebegriff der Marketing-Leute. Sie fordern vollmundig, dass das zu geschehen habe, kümmern sich aber selten selbst darum, dass Gedrucktes und Gesagtes den Kunden dann auch nachhaltig zufriedenstellt.

- Klare Leistungsbeschreibungen in Prospekten, Angeboten etc.: der Kunde muss verstehen, was er bekommt und was nicht. Sonst erwartet er Falsches.
- Kompetente Beratung, angepasst an den Bedarf und die Fähigkeiten des Käufers. Rückkoppelung von Service-Erfahrungen zu den Verkäufern verbessert deren Wirken.
- Instruktive Erläuterungen und Benutzer-Anweisungen – von der Gebrauchsanleitung beim Alltagsprodukt bis zur Inbetriebnahme-Instruktion bei komplexen Anlagen.
- Interaktive Kompetenz-Übermittlung im Sinne Lernen durch Probieren/Tun.
- Sicherung der Verständnis-Rückkopplung durch Beobachten und Fragen.
- Ehrliche „es kann passieren"–Hinweise, damit bei Ausfällen der Kunde die Nerven behält und klare Fakten schildern und somit unsere Ferndiagnose qualifizieren kann.
- Fachkompetente Zuständigkeit, prozessgerechtes Vorgehen, praxisgerechte Werkzeug- und Ersatzteilausstattung (eigentlich selbstverständlich, oft nicht Praxis), logistische Organisation, um zum richtigen Zeitpunkt die/den richtigen Gesprächspartner auf Kundenseite anzutreffen und ggf. interaktiv in die Problemlösung einzubeziehen.
- Zuhören statt „taubes Besserwissen" im Falle des Reparatureinsatzes („nicht jeder Kunde ist Verständnis-unfähig"!). Auch der gute Arzt hört dem Patienten zu, um Ergebnisse („was fehlt wo?") und Erlebnisse („was tut wie weh?") als Therapiebasis zu nutzen – objektiv und subjektiv.
- Erläutern, was warum wie gekommen bzw. zu erwarten ist – aber bitte auf den Horizont des Kunden adaptiert und nicht als „Dozentur" überladen – und somit wohl eher unverständlich (sonst ist der nächste Problemfall schon wieder programmiert).
- Modalitäten-Klärung (Garantie / Kulanz / Berechnung, ggf. Nachreparatur etc.), um dem Grundsatz zu entsprechen: „in Reparaturen und Reklamationen stecken Chancen der Kundenbindung und der Folge-Geschäfte."

Wenn zu all dem dann noch ein Kunden-orientiert freundliches Verhalten/Benehmen kommt, dann weiß der Kunde, dass wir für ihn da sind und nicht er für uns. Nur zufriedene Kunden kaufen wieder und empfehlen weiter!

Service belebt, Service verbindet, Service lohnt sich – in vielen Fällen heutzutage weit mehr als der Konditionen-ausgepresste Verkauf. Service ist wichtig – als Leistung und als Verdienstquelle. Jeder Profi weiß diese Dinge und beachtet sie. Aber leider ist nicht jeder im Service ein Profi...

Ein bekannter Haustechnik-Hersteller lässt keinen noch so studierten Produktmanager an Entscheidungen heran, der nicht je drei Monate Handwerksverkauf und Service-Praxis „on the road" nachweisen kann. Das sei zur Nachahmung empfohlen!

Schenken ist wichtiger als das Geschenk

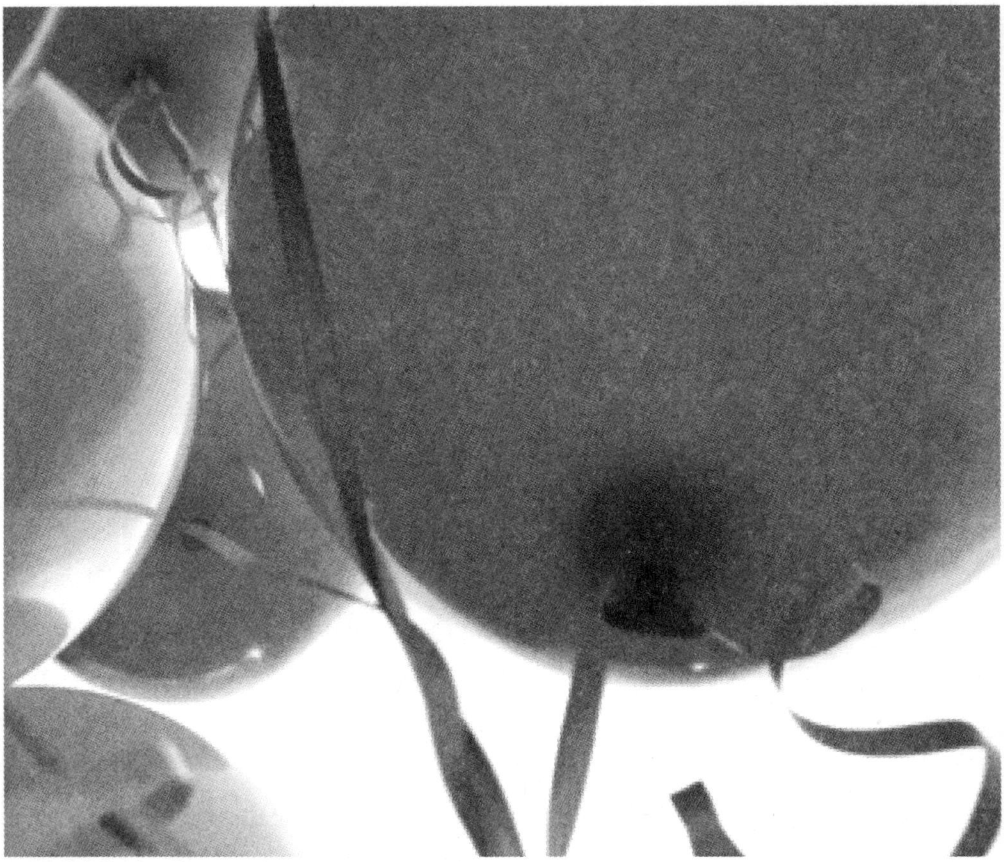

Foto: Pink Sherbet Photography

Das ständige Gerede über die Kundenzufriedenheit geht doch jedem Realisten langsam aber sicher auf die Nerven. Und – das ist noch schlimmer – es geht auf den Nerv jeder Kalkulation: zuerst lutschen die Kunden in brutaler und zäher Manier die Konditionen aus und dann wollen sie – natürlich als sogenannten „Service" – kostenlos noch alle möglichen und unmöglichen Leistungen und Zugeständnisse hinterher und obendrein.

Statt „Puderzucker mit goldenem Röhrchen" sollten wir uns mal wieder auf „Pfeffer in kleinen Dosen" besinnen. So die markanten Geschäftsführer-Töne von Herrn Kraftprotz während einer Führungskreis-Klausur eines Mittelstands-Hausgeräteherstellers. Beeindruckend? Vielleicht rhetorisch. Inhaltlich jedenfalls fragwürdig.

Vor einiger Zeit hat die wissenschaftliche Hochschule für Unternehmensführung in Koblenz in einer gut differenzierten Service-Studie/Untersuchung bei 370 Unternehmen interessante Diskrepanzen zwischen Leistungs-Eigenbild („Sender") und Leistungsfremdbild („Empfänger") festgestellt. Man glaubt, gut zu sein, aber man spürt nicht, als weniger gut erlebt zu werden. Kritisch. Egal, ob zertifizierte oder nicht zertifizierte Unternehmen: die objektiven Faktoren, nämlich kundenorientierte Prozessabläufe, Professionalität und Flexibilität bei der Leistungserbringung wurden durchweg besser bewertet als die subjektiven Faktoren, nämlich Kooperationsmentalität, Beratungs-Offenheit, Gesprächs- und Kontaktverhalten. In diesen Dimensionen sind die handwerklich orientierten Praktiker des Service bekanntlich nicht immer die Helden. Oft „bügeln" sie vor Ort das Holperige mit kleinen Zugeständnissen weg. Gut so, dafür sollten sie auch ein paar Zugaben im Koffer haben. Und sei es der 111. Kugelschreiber. Kleine Geschenke erhalten die Freundschaft, das Schenken ist wichtiger als das Geschenk.

Gute Kooperationsatmosphäre entsteht durch gegenseitige Erwartungs-/ Erfüllungsklarheit. Versprechen und halten, pacta sund servanda:

- Verträge zum Vertragen, nicht zum Streiten – für's generelle Verständnis
- Absprachen bzgl. Stil, Prozess und Kosten – für's situative Verständnis
- Beiderseitiges Lernen aus Problemen/Fehlern – für's künftige Verständnis

Gute Kooperationsatmosphäre bindet den Kunden und motiviert ihn zum Wieder-Kaufen und zum Weiter-Empfehlen. Es kommt oft mehr auf das Auftreten des Leistenden als auf die Leistungen des Auftretenden an. Insofern ist das Auftreten der Service-Verantwortlichen ein sehr wichtiger Marketingimpuls und ein nachhaltiger Erfolgsfaktor. Kundenzufriedenheit, Kundenbindung, Kundenvertrauen, Kundentreue, Kundenreferenz. Marktpositionssicherung.

Die riskante Kooperation der Gebrüder Leichtsinn

Wenn man einmal kritisch beobachtet, wie im Zeitalter des Change Management Stellen ausgeschrieben, Bewerbungen gesichtet, Bewerber behandelt und Einstellungsentscheidungen getroffen werden, dann kann man sich recht oft nur wundern. Die Unternehmen greifen häufig genauso verantwortungslos zu wie die Bewerber/innen. Dabei geht's doch um die nachhaltig optimale Gestaltung dieser „Lebensabschnitts-Partnerschaft" (...bis zum nächsten Job-Wechsel).

Der demnächst ausscheidende bisherige Stelleninhaber hat – wegen schlechter Behandlung aus Rache vielleicht – bis auf den letzten Tag mit der Kündigung gewartet. Der Chef (z.B. der Service-Leiter) sieht mit Sorge die entstehende Lücke und fürchtet prompt, auch die Arbeit des/der Bisherigen zumindest für einige Zeit noch mitmachen zu müssen. Zum Nachdenken ist jetzt keine Zeit mehr. Dass sowieso umorganisiert werden soll, interessiert jetzt nicht. Einziges Ziel: Sofort muss die Stelle besetzt werden. Man müsste in der vergangenen Woche noch inserieren können! Druck auf die Personalabteilung, Ergebnis ist ein phantasieloses Schnellschussinserat, Echo entsprechend miserabel („durchaus viele, aber nichts Gescheites"). Also nächste Woche gleich noch einmal in die Zeitung! Und natürlich in die Internet-Job-Börsen (unsinnigerweise mit dem genau gleichen Ausschreibungstext). „Blech wiederholt gibt Wellblech" – von Personalauslese keine Spur, Personalauflese ist angesagt. Also gut – Hauptsache man war aktiv, der Job ist demnächst wieder besetzt. Nach uns die Sintflut!

Der Ex-Stellensuchende neue Mitarbeiter hat schon bald erfahren, wie es ist, wenn man die falsche Arbeit, das falsche Team, den falschen Chef, das falsche Geld hat. „Einmal und nie wieder" hört man ihn am Stammtisch tönen. „Einmal und andauernd wieder" ist dagegen die Regel der täglichen Praxis: da ist ja sooo eine vielversprechende Anzeige in der Zeitung. Dann schickt die saure Firma eine süße Broschüre. Dann macht der Abteilungschef, der sonst den Spitznamen „Dr. Eklich" hat, einen charmanten Auftritt, vor dem jeder Tanzlehrer erblassen könnte. Dann wird gesäuselt und gelogen, dass sich die Balken biegen – Hauptsache man kriegt den Mann/die Frau. So was lullt ein. Das ist es! Da muss die Familie gleich nach der Probezeit mit. Ordentlich erzogene Kinder gehorchen eben. Und die Frau wollte ja ohnehin, dass es beruflich aufwärts geht. Ihr Job ist ja nicht so wichtig – sie wird schon was finden. Sorgen Sie frühzeitig für die Integration, besonders beim bevorstehenden Standortwechsel.

Wenige Monate später die Zwischenbilanz: Teamwork? – angeblich top, de facto flop. Budget? – im Gegenteil, Sparprogramm. Umzug? – verdammt riskant, dann doch lieber 2 – 3 Stunden am Tag auf der Straße (immer noch besser als Wochenendehe!). Wechseln? – doch nicht schon wieder. Fazit: nimm's wie's kommt (wie's kommen musste)! Resignative Arbeitszufriedenheit. Jetzt in der Probezeit nichts riskieren.
Don't stick your neck out.

A propos Change Management: Wir brauchen morgen ja ganz anders kompetente Mitarbeiter als gestern. Service-orientierte zum Beispiel. Kunden-interessierte zum Beispiel. Menschen jedenfalls, die mit beiden Beinen kräftig im Heute stehen und deshalb genauso kräftig ins Morgen springen können. Unternehmer auf ihrem Job.
Sonst kann man nicht mit gutem Gewissen delegieren.

Wir brauchen Mit-Arbeiter im Service, keine Mit-Läufer. Kerle, die ziehen und nicht Weicheier, die sich (überall hin) ziehen lassen.

Was müssen wir denn tun, um aus der hier zitierten Problematik rauszukommen?

Eigentlich ist das gar nicht so schwer, dazu drei Tipps:

- Erstens: Das Ziel bestimmt den Weg. Was will / braucht unser Unternehmen jetzt und künftig? Klare Prozessabläufe, klare Anforderungsprofile, klare Jobausschreibungen, klare (harte + faire) Interviews, klare Entscheidungen, klare Entwicklungen.

- Zweitens: Das Know-how bestimmt den Erfolg. Weg mit alten Vorurteilen, die als Erfahrungen hoch-stilisiert werden. Weg mit der Kaffeesatzleserei und Illustrierten-Psychologie bei der Bewerberselektion. Offener, kreativer, intensiver, ehrlicher, entscheidungshelfender Dialog im Team. Zeit für ein zweites, ein drittes Gespräch. Zwischendurch ehrlicher Abgleich der Gesprächsergebnisse und -erlebnisse. Interessenpartnerschaft. Jedenfalls echtes Streben nach der optimalen Lösung im beiderseitigen Interesse. Ggf. neutral ergänzendes Einholen von Beratereindrücken, aber nur, wenn der Berater das Unternehmen und die Arbeitsumgebung des Kandidaten kennt. Sonst liefert er nur theoretische Verwirrung.

- Drittens: Der/die Neue ist an Bord. Die Toleranz bestimmt jetzt den Führungserfolg. Jeder ist so, wie er ist. Man versuche nicht, ihn/sie „umzubauen". Stell' Dich auf ihn ein, dann wird er sich auf Dich einstellen. Bau' ihn auf, fördere ihn, indem Du ihn forderst.
  Der beste Chef ist der, der auch mal entbehrlich ist...

Hase und Igel: rennen alleine genügt nicht

Wer nur hochengagiert "rennt" und die Prozesse nicht strategisch und operational überblickt, der kommt nicht nach vorne... Die Prioritäten sind zu beachten: must/should/nice to have/should not/must not).

Foto: TheTim

Die Kundenzufriedenheit als Leitmotiv/Leitlinie aller Servicebemühungen wird heutzutage paradoxerweise zum einen (theoretisch) überbewertet und zum anderen (praktisch) unter Niveau realisiert. Zu pauschales Vorgehen entspricht nicht mehr den komplexen Ansprüchen, die in Serviceprozessen zu Tage treten. Längst haben die Prozess-Könner den Vorsprung vor den „Auftragsabwicklern/Nothelfern" erreicht.
Betrachten wir das Beispiel des hochentwickelten Servicemarktes Medizintechnik.
Oligopolistische Marktstrukturen, Langzeit-Gewohnheitsbindungen zwischen Käufern und Lieferanten, enorme Technologie-Innovationsschübe, neuerdings Budget-Engpässe, jedenfalls höchste Ansprüche an Effizienz und Perfektion haben zwei entscheidend wichtige Ursachen:

Zum einen steht die Versorgungssicherheit der Patienten ganz vorne, zum anderen handelt es sich um extrem investitionsintensive Geräte und Einrichtungen. Die Hersteller und Lieferanten von medizinischen Geräten, Einrichtungen und Verbrauchsmaterialien haben demgemäß durchgängige Serviceprozesse entwickelt, mit denen sie engstens, rund um die Uhr „am Kunden" aktiv sind. Einige Beispiele für die enge Verzahnung mit den Kunden (in der Regel Kliniken und Krankenhäuser) mögen das bildhaft machen:

- Wartungsrahmenverträge, funkgesteuerte Servicerhythmen oder Ersatzgeräte in 24 Stunden-Bereitschaft gehören zum selbstverständlichen Serviceumfang
- Hersteller von OP-Verbrauchsmaterial betreiben eigene Schulungszentren zur Schulung von Operateuren

- Beratungsdienstleistungen werden von Lieferanten angeboten, mit denen die Logistik- und Versorgungskette in den Häusern zum beiderseitigen Vorteil optimiert wird
- Servicegesellschaften werden outgesourct oder als eigenverantwortliche Profitcenter betrieben (kooperativ, teilweise unter direkter Regie der Lieferanten). Grundbedingung: Profitabilität!

Diese Serviceverzahnung ist ein profitables Gesamtgeschäft. Besonders die prozessgerechten Servicepakete, mit denen die Häuser interne Kosten spürbar senken können, sind attraktiv. Hier entstehen klare Win-Win-Partnerschaften und eingespielte Teams, die dauerhaft zusammenpassen und zusammenhalten. Die Lieferanten konnten sich in der Vergangenheit mit ihrer besonderen Gerätekompetenz einen guten Teil des Serviceaufkommens sichern. Aber aufgepasst! Wer Speck ansetzt, der wird träge...

Das ruft natürlich die Wettbewerber auf den Plan. Als ob sie das Erfolgsmodell bestätigen möchten, bieten längst auch markenfremde (Hersteller-unabhängige) Dienstleister Full-Service Pakete an, die oft den gesamten Servicebedarf eines Hauses bedienen. Mit Pauschalverträgen werden den Häusern Kostensenkungen zugesichert. Das ist vor dem Hintergrund der Gesundheitsfinanzierungs-Problematik ein immer wichtigeres Argument. Man hat schnell von den Guten gelernt. Denkbar sind alle Spielarten: Vom kompletten Outsourcing bis hin zu gemeinsam betriebenen Wartungsgesellschaften mit Personalübernahme in flexiblere Anstellungsverhältnisse (die Frage der langfristigen Service-Qualität sei hier einmal außer Acht gelassen). Das gleiche ist auch in anderen Branchen zu beobachten, z.B.:

- Automobil: Unabhängige Serviceketten finden neben den etablierten Markenwerkstätten mit Pauschalangeboten (Ölwechsel in 15 min. für xx €) immer mehr ihr Geschäft
- PC- und Netzwerkbetreuung: Unzählige kleine Teams und/oder flexible selbständige Zuliefer-Unternehmen sind viel näher am Kunden als die großen Hersteller und verdienen gut mit Betreuungsverträgen

Service ist elementar für die Aufrechterhaltung der (in diesen Branchen z.T. lebenswichtigen) Prozesse. Damit hat die Entscheidung, wer in welcher Form den Service sicherstellt, strategische Bedeutung für jedes Haus: Outsourcing oder eigene Regie?

Fazit für Service-Kunden: Bevor Sie auf Hase oder auf Igel setzen: Wägen Sie genau ab; nicht wer situativ engagierter und kostengünstiger anbietet (vgl. der Hase), sondern wer den stabilen und genauen Abläufen sicherer entsprechen kann (vgl. der Igel), ist die bessere Wahl.

Fazit für Service-Anbieter: Aus der Branche Medizintechnik können alle (Benchmarking!) etwas lernen: Service bedeutet heute, sich weg-zu-entwickeln vom „Teilereparateur mit Einzelauftrag" und sich hin-zu-entwikkeln zum Prozesspartner. Erfolgreiche Unternehmen kennen Ihre Kunden und deren Abläufe. Wie beim Rennen Hase gegen Igel gewinnt der Schlauere...

Früher 100. Heute 1. Morgen 200?

Wer kennt sie nicht, die berühmte Formel. Jeder Fehler, der in der Entwicklung behoben werden kann, kostet X €. Kann er erst in der Produktion behoben werden, kostet er bereits 10X €. Wird er erst entdeckt, nachdem er schon beim Kunden ist, kostet die Beseitigung bereits 100X €: die betroffenen Seriennummern müssen abgegrenzt werden. Die Kunden müssen identifiziert und angeschrieben werden. Die Servicepartner müssen gebrieft werden. Die Teile müssen verfügbar sein. Die Arbeitswerte müssen ermittelt sein. Die Leistungen müssen einheitlich abgerechnet werden. Die Garantieantragsbearbeitungen müssen funktionieren. In der EDV muss alles vorher hinterlegt sein. Das Rechnungswesen muss Rückstellungen bilden. Die betroffenen Lieferanten müssen verdonnert werden. Die Ursache muss abgestellt werden. Die Herstellung muss ggf. modifiziert werden. Und so weiter. Und das Management muss durchhalten..., um die bestenfalls fälligen Kosten von X € nicht zu überschreiten.

Also heißt die klare Maxime: Kosten > X € dürfen nicht wieder passieren, wir müssen vorher jede Fehler-Eventualität kennen, bevor unser Output dem Kunden mal nicht nutzt, ihn nicht zufrieden stellt oder evtl. sogar eine Gefahr von der Produktnutzung ausgeht. Also werden die Entwicklung aufgestockt, die Testreihen verschärft, die Präventivmaßnahmen ausgebaut, die Lieferanten eingebunden und die Computer zur Abbildung solcher international-integrativ-interaktiven Engineeringprojekte immer schneller. R&D-Zentren (Research and Development) entstehen mit höchstdotierten Experten, am besten mit Glasböden und durchsichtigen PC-Gehäusen zur interkulturellen Inhalation jeglichen Ingenieurwissens.

Haben die auch Kundendienstmitarbeiter? Echte Schrauber (oder inzwischen Modultauscher), die den Kunden leibhaftig kennen und auch wissen, warum Fehler in der Praxis auftauchen und was der Kunde wirklich mal brauchen könnte?

Wie wär's mit einem S&D-„Dezentrum" (Service and Development , als Netzwerk, nicht als Elfenbeinturm) mit Client Clinics, Customer-Coring Cooperation, Service-Superviser-Strategy-Seminaren, Warranty-Validation-Verfahren, Field-Feedback-Formularen oder ähnlichen Fachvokabeln dieses Jahrhunderts?

Lösungen in diese Richtung gab es schon im letzten Jahrhundert. Moderne „Markt-und-Produkt"-Prozessorganisationen machen es vor. Dort fließen bereits Ermüdungsbruch-e-mails, Stucker-Stotter-Sounddateien oder Deformations-DVD's vom technischen Gebietsleiter im bayrischen Wald zurück in die Entwicklung des Herstellers in Übersee.

Diese Prozessorganisationen erreichen quasi als Nebeneffekt sagenhaft niedrige Fertigungstiefen, weil ja die funktional orientierten Linienstrukturen zurückgefahren wurden. Reichte früher kaum der Firmenflur für die vielen Türschilder wie Forschung, Entwicklung, Konstruktion, Arbeitsvorbereitung, Produktionssteuerung, Fertigung, Marketing, Verkauf und auch noch Service, ziehen sich heute durch die Etagen rote Fäden der Produktlinien wie etwa Electronics, Mechanics oder Optics. Die Fachabteilungen mit dem funktionellen Tiefgang von früher wichen einer Knowlegde-Datenbank, die mit Systemlieferanten als gemeinsame Plattform das nötige Wissen sicherstellt.

Doch was geschieht, wenn ein Fehler passiert? Die Entwickler haben doch an alles gedacht! Die eigenen ja. Aber der Tier-1-supplier müsste doch schuld sein. Ja nein, es war doch nur die Baugruppe X, die als Ursache identifiziert wurde. Und die kommt vom Tier-2-supplier. Der sagt aber, es war ja nicht die ganze Baugruppe defekt, sondern nur die Komponente Y, und die kommt schließlich vom Tier-3-Lieferant. Ein eiliger Anruf inzwischen vom Technikvorstand persönlich klärt schnell: unsere Komponente Y läuft eigentlich perfekt, wäre da nicht das Teil Z vom Tier-4-Unterlieferanten gewesen. Dort nachgehakt stellt sich heraus, dass neulich eine Gitterbox vom Traktor des Schwagers gefallen sei, man habe den LKW aus Kostengründen verkaufen müssen; die Großen hätten die Preise so gedrückt...

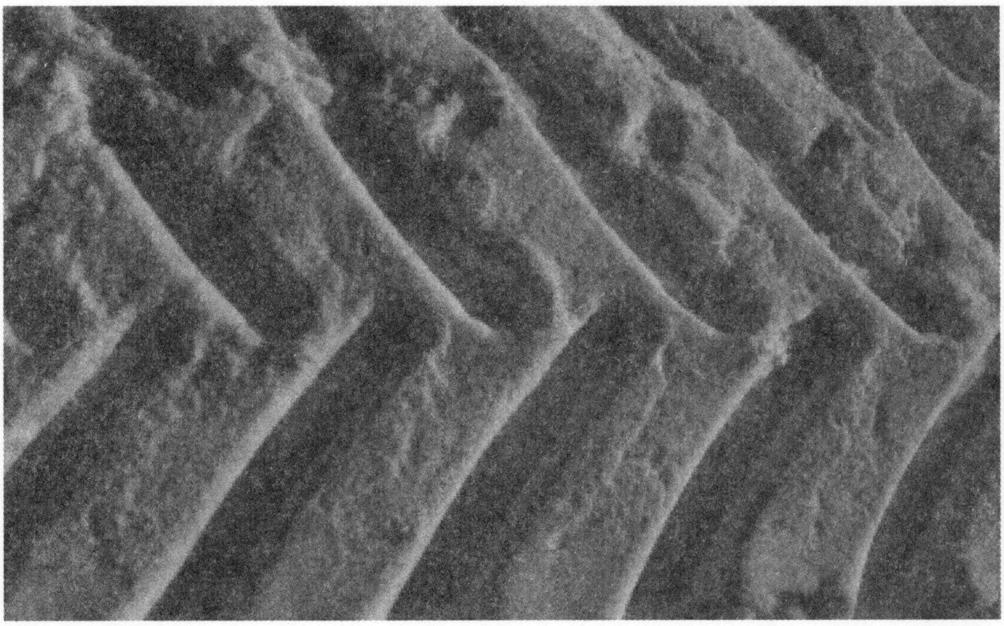

Foto: net_efekt

Rechnet man all' diese Faktoren bis hin zu den Traktoren zusammen, würde der „Lieferkettendefekt mit Kundenverärgerungskomponente" satte 200X € kosten.

Der Vorstand nahm's in die Hand und sprach: wir brauchen wieder Leute wie die Nachkriegsunternehmer im Mittelstand. Die hatten das Ohr beim Kunden, die Finger in der Fertigung und die Gedanken schon in der Entwicklung der nächsten Serie. Technical Trainee-Programme mit den Stationen Kundendienst, Fertigung, Konstruktion und Entwicklung, interdisziplinäre Projektteams und vor allem Ressortchefs mit kompletter Output-Verantwortung brachten den gewünschten Erfolg.

Service-Kalkulation = Service-Strategie

Früher war die Welt viel einfacher: wenn etwas ausfiel, wurde der Kundendienst gerufen, gebeten. Er kam, reparierte handwerklich-professionell, weitgehend nach eigenem Gutdünken. Der Kunde akzeptierte „blind", bezahlte... Gute alte Zeit. Vergangenheit. Bekanntlich ist das Faszinierende an der Vergangenheit aber die Tatsache, dass sie vorbei ist!

Horrorszenario der Zukunft: jeder Service steht jedem Kunden beinahe willkürlich 25 Stunden am Tag „just in time" zur Verfügung. Stillstandszeiten von Anlagen werden mit Konventionalstrafen belegt. Garantie- und Kulanzfristen werden ins Unermessliche gesteigert. Kostenberechnungen fliegen als Unverschämtheiten in die Papierkörbe. Die Motivation und die Kalkulation sind im Eimer.

Wo liegt der Königsweg zwischen diesen beiden Extremen? Wie lässt sich die täglich beschwätzte Kundenzufriedenheit mit vernünftiger Kalkulation in Einklang bringen? Erfahrungen erfolgreicher Unternehmen lassen sich auf folgende zehn Regeln verdichten:

1. Vergangenheitliches Schemaverhalten mit dem Anspruch der Gerechtigkeit („alle Kunden sind gleich wichtig", „einer nach dem anderen"...) ist barer Unsinn.
2. Service-Qualität wird erst durch den Kunden geadelt: seine Erwartungen sind mit unserem Erfüllungspotenzial möglichst früh und klar abzustimmen.
3. Vertrieb und Service müssen „im engen Schulterschluss" generell und kundenindividuell kooperieren, sonst werden sie permanent gegeneinander ausgetrickst.
4. Der Kunde, nicht der Auftrag, ist der Maßstab unserer Flexibilität in allen Leistungs- und Konditionsfragen. Mit dem Kunden wachsen – das ist die Devise.
5. Das Potenzial des Service muss vom Verkäufer mitverkauft werden. Der Service ist nicht das notwendige/lästige Nach-Leistungs-Übel, sondern ein ganz normaler und normal kalkulierbarer und berechenbarer Teil der Gesamtleistung unseres Unternehmens für unseren Kunden.
6. Kundenfindung (Verkauf) und Kundenbindung (Service) sind so zu koordinieren, dass Versprechen (= Erwartungen) und Halten (= Erfüllungen) Vertrauens-vertiefend übereinstimmen.
7. Verkauf und Service müssen sich gegenseitig öffnen und von einander lernen: der Verkauf wird technisch verantwortlicher und kompetenter, der Service wird kundenorientierter, verkäuferisch kooperativer.
8. Leistungspotenzial (Bereitschaft) und Leistungsinhalt (Einsatz) stellen geldwerten Kundennutzen dar. Das muss permanent kommuniziert werden. Kreative Service-Offerten ermöglichen Zusatzverkäufe und Zusatzkontakte.
9. Kalkulationen und Rechnungen werden in dem Maße reibungsloser akzeptiert, wie sie durch Vertragskonformität und Transparenz objektiviert und somit dem subjektiven Verhandlungs-Spielraum entzogen werden.
10. Kooperative Services (also solche, die wir auf Partner übertragen haben) sind oft schneller und preiswerter zum Nutzen des Kunden zu erbringen. Gleiches gilt für Services, deren Selbsterbringung wir durch Coaching unserem Kunden ermöglichen...

Wer soll die Initiative ergreifen? Der Vertriebsleiter? Der Controller? Das Management? Oder am besten der Serviceleiter? – Diese haben doch unendliche Erfahrung, kennen sehr viele Beteiligte – und sie haben das „Händchen“ für eine geschickte Mischkalkulation. Schließlich geht es ja um die Aktualisierungen im eigenen Verantwortungsbereich.

Die Brücke von der Erkenntnis zur Umsetzung wird häufig per Coaching leichter gebaut bzw. überschritten. Dazu nachfolgend einige Gedanken...

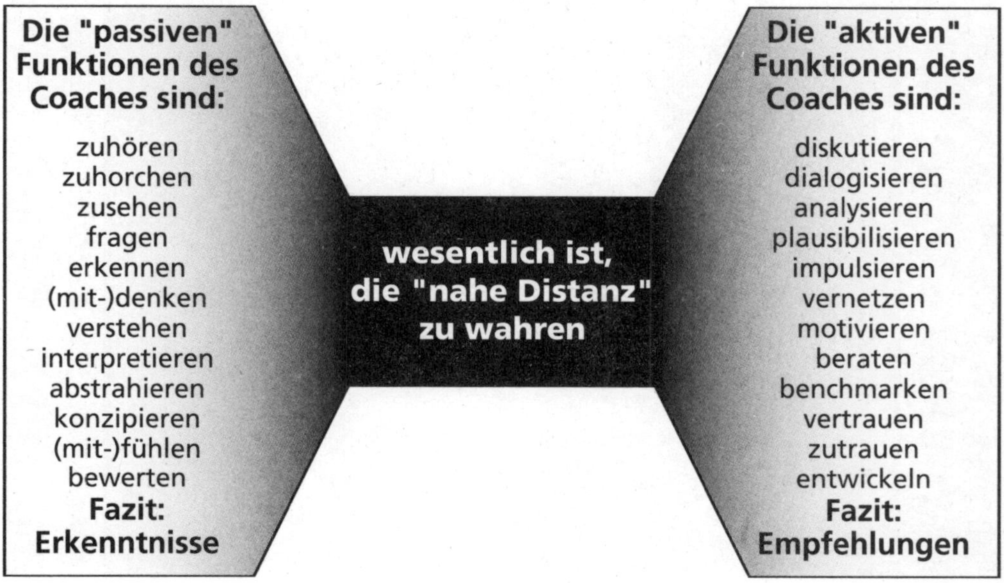

Intelligenz + Konsequenz = Transparenz > Konkurrenz

Foto: foxypar4

Mit Vehemenz schwang sich Klemens Kamenz auf sein Mountainbike und genoss seinen ersten Urlaub seit fünf Jahren. Als Geschäftsführer der Klemmts & Renz GmbH konnte er bisher einfach nie weg; er musste sich ja um fast alles selber kümmern.

Nun meldete sich sein Stellvertreter Hans Hinz am Telefon und sagt lapidar: „Chef, alles funktioniert reibungslos, jeder weiß Bescheid, was er zu tun hat. Erholen Sie sich gut!" Was war nur geschehen?

Auf einmal rennt's. Dank FLENZ? FLENZ ist das jüngst umgesetzte Projekt und steht für: Fertigungs- und Logistik-Ereignisse und -Ergebnisse nachhaltig zentral.

Zu Beginn dieses Projektes schimpften die Mitarbeiter noch:

- Warum denn solche Klimmzüge, das ging doch früher auch ohne
- Vor lauter Protokollieren kommen wir ja nicht mehr zum Arbeiten
- So früh so viel Dispositions-Qualität ist doch etwas übertrieben
- Diese Planerei! Es kommt doch ohnehin meistens anders
- Ich treffe diese kleinen Tasten doch nicht immer richtig; das wird nie gut gehen

Klemens Kamenz machte eine wahre Wandlung durch: er lernte Hilde ITIL kennen, ging mit Isabella ISO essen, mit Carla Callcenter aus, lud Tina Troubleticketsystem zum Eis ein, tanzte mit Annette Applicationintegration und schwärmte obendrein noch von Susi Servicemanagement. Und alle wollten es genau wissen: zeig' uns Dein Betriebshandbuch!

Klemens kniff, aber lernte schnell. Er entwickelte sich zum IT-Fan und erkannte die wahren Potenziale einer reibungslosen Informationsverarbeitung. Seine persönliche Quintessenz aus meterweise Schmökern und Downloads umfasst sechs Kernpunkte:

1. Alles-Aufschreib-Politik: sofort und effizient Informationen notieren. Der Hundename des Kunden ins CRM oder der vom Staplerfahrer zugerufene Betriebsstundenstand ins Servicesystem. Tabellarisch, strukturiert, standardisiert. In Windeseile ist so Fifi oder Bello wiedergefunden

2. Front-Input: Erfassung dort, wo die Informationen entstehen, wo Fragezeichen aufkommen: beim Kunden, am Tresen, im Lager, in der Fertigung, am Band, im Feldservice. Somit kein Transport bis zu einer vermeintlich kostengünstigen Zentralerfassung. Nix Datentypisten in China oder Indien, das macht jeder Stamm-Mitarbeiter für Kunden-, Leistungs- und Auftragsdaten selbst.
So wird Abstimmungs- und Rückfrageaufwand vermieden

3. Soforterledigungsmaximierung: Systeme bereitstellen, die sofortiges Machen ermöglichen statt aufschreiben, was später zu machen wäre. Solch ein System ist freilich auszubalancieren zwischen dem Know how der Erfasser und der Komplexität der nötigen Eingabe. MDE eröffnet hier heute Wunder!

4. Übergabepräzision: ist die Datenaufnahme durch mehrere Personen oder Abteilungen zu leisten, so muss klar definiert sein, wer was bis wann pflegt und wie der Workflow im Detail läuft. Auch bei Sonderfällen! Ebenso sollten die Mitarbeiter ein klares Bild davon haben, was passiert, wenn sie dies oder jenes nicht pflegen!

5. Einmal-Zentralabgleich: habe ich z.B. fünf verschiedene Quellen oder fünf Halbinformationen zu einem Thema, muss ich jede gegen jede = 5+4+3+2+1 = 15 Abgleiche fahren. Für mehr Abgleiche müssen wir dann schon Herrn Gauß einladen! Also: eine Masterversion schaffen, mit der alles anfängt und gegen die jede Aktualisierung oder Ergänzung läuft. Das nennt sich Datenbank...

6. Spät-Zielnah-Output: Abruf, Auswurf, Endmontage dort, wo es dem Leistungsempfänger am bequemsten ist: was für CKD-Montage (completely knocked down = total in Einzelteile zerlegt) in Ziel-Ländern und Möbel im Karton zum Selbstaufbau selbstverständlich ist, gilt für Telefonrechnungen per *.pdf-Versand oder Gebietsstatistiken per Außendienst-PC u.a. genauso. Das ist übrigens für den Leistungsersteller (ab einer ausreichenden Fallzahl) am billigsten.

Die früher überfüllten Eingangskörbchen wurden an Kindergärten verschenkt, die Post-it-Aufwendungen strebten gegen Null und die interne Telefonstatistik wurde abgeschafft, weil die Säulen zu niedrig wurden. Nun holt sich jeder (natürlich nicht nur die Mitarbeiter, sondern auch die Lieferanten, Prozesspartner und Kunden jeweils für ihren Bereich) seine gesuchte Information aus der verlässlichen Zentralkartei: und alles, was in dieser Datenbank nicht drin steht, gibt es auch nicht!

Noch Fragen? Keine! So stieg Herr Kamenz in seinen Benz und machte sich einen schönen Lenz.

IT-Service – am besten DAU-tauglich

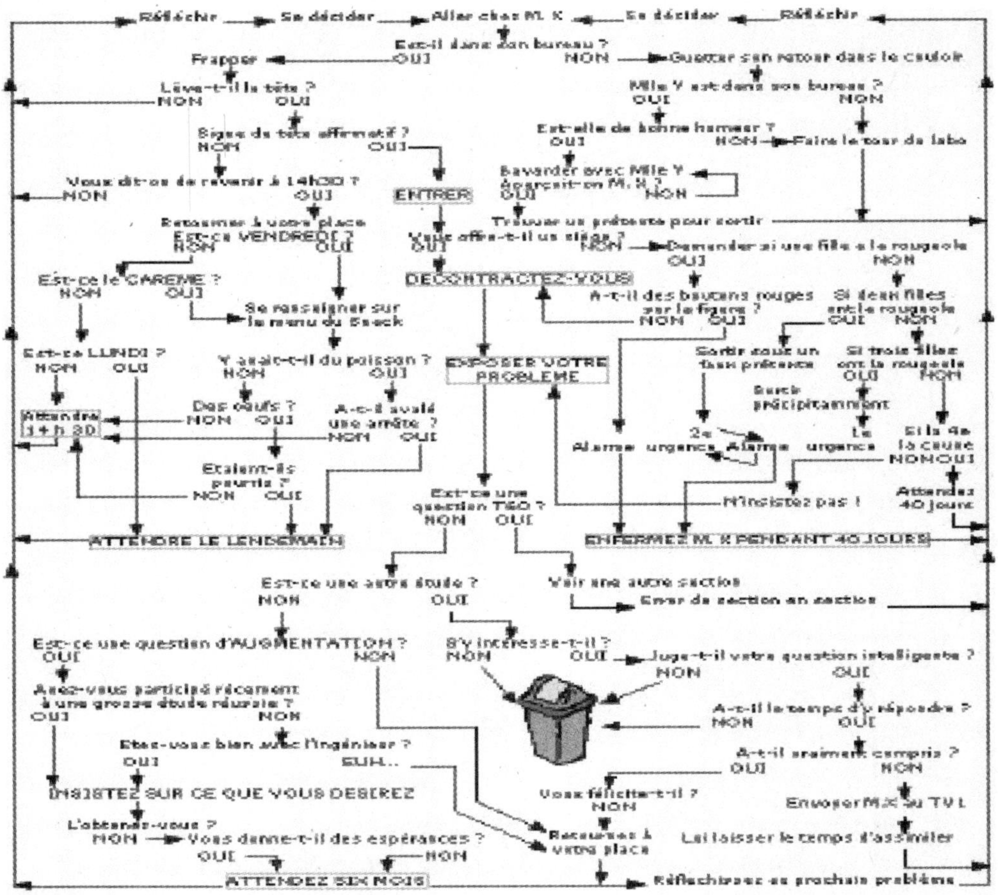

Foto: Thomas_Guest

Nehmen wir einen – durchaus nur beispielhaften – Fall aus der IT-Landschaft: Wer kennt sie nicht, die Situation vor'm Computer: „plug and play" steht auf der Schachtel: einfach auspacken, draufspielen, lossurfen. „Treiber nicht gefunden" heißt die erste Meldung. „Deinstallieren Sie alle Kommunikationsprogramme" wird da empfohlen... „Power off" ist manchmal die letzte Rettung für den Laien, aus solchen Kettenreaktionen herauszukommen.

Also doch das Handbuch auspacken. Kapitel 1: How to use the user manual.... erschreckend dick. Index: „Treiber" steht da nicht drin. Nach zornigem Blättern über 12 Sprachen hinweg endlich eine Telefonnummer: 09005......, das wird teuer. Also konzentrieren:

Gütn Tooch („guten Tag"), Sie sprechen mit der Onlinecallcenterhelpdeskzentrale von Global Automized Implementation Systems AG, mein Name ist Klarabella Kaminski-Rautenstrauch, was kann ich für Sie tun?.... Äääh, hier ist Maier. Hörn Se? Mein Möödem tut nicht, was kömma dänn da mochn? Ich krich eenfach keene Verbindung.
Einen Moment, ich verbinde Sie mit dem Online-Helpdesk. – Musik (fast echter T-Beethoven) – Schmitt. Ja, hier is Maier. Mein Möödem tut nich, was kömma dänn da mochn? Junger Mann, Modem is Hardware, da sind Sie hier falsch. – Wieder T-Beethoven – Ja, hier is Maier. Mein Möödem tut nich. - Haben Sie schon mal nach dem Port für den Socket Proxy in der INI geschaut? Der muss je nach Upstream bei NT nämlich auf 8080, wenn Ihre connectivity über DSS1 gelinkt ist...Oder so ähnlich.

Die moderne Welt scheitert oft am Detail. E-Commerce wäre ja toll, wenn die Nachbarn nicht solche Geschichten erzählt hätten. Der Produktnutzen steigt, die Komplexität doppelt, der Installationsaufwand vierfach, die

Fehlerbehebung achtfach, die Wut bei Misslingen gar 16-fach. Die Freude bei Gelingen aber auch.

Also: was macht einen gelungenen IT-Service aus?

- Kontaktstark muss er sein. Das Ohr am Kunden funktioniert nur mit der Nummer auf der Schachtel oder der Web-Adresse auf der Rechnung. After Sales-Placement von Anfang an. Keine Registrierkarten, sondern Service-Mitgliedschaften. Kleine Hürden schaffen großes Echo.
- Kurz muss er sich fassen. Ob Handbuch, Hotline oder Hausbesuch, in der Kürze liegt die Würze. Mit einem Faltblatt zum Ziel. Viel zu bunt und zu schön zum wegwerfen. Prägnante Hinweise (möglichst in Deutsch!) klar gegliedert, wie früher die Spickzettel in der Schule.
- Kreativ sollte er sein, vor allem in der Fehlerdiagnose. Wenn die Checkliste (unter Umständen von Experten und nur für Experten geschrieben) durchgegangen ist und der Fehler nicht verschwindet, hilft oft die „Fuzzel"-Logik des frustrierten Anwenders. „Haben Sie jetzt den Bildschirm (sieht so ähnlich aus wie ein Fernseher) ausgeschaltet oder den Computer (so ein silberner Kasten, meist unter dem Tisch)?" So banale Fragen wirken oft Wunder.
  Unter „Workstation" versteht der Anrufer vielleicht gar nichts...
- Klar muss die Botschaft sein. Wer zu einer gelungenen Symptombekämpfung auch noch in einem Satz dem DAU (Dümmsten anzunehmenden User) die Ursache nennen kann, gilt wirklich als nett und kompetent. „Ach ja, wenn das so ist, wird mir manches klar..." könnte die Kundenreaktion lauten. Dieses Wissen schafft zuerst Vertrauen und dann Zufriedenheit.
- Kompetent muss er sein. Nix wissen und weiterverbinden verprellt oft den letzten aller mutigen Anrufer, der sich mit Geduld und CD-Sammlung willig zur Fehlerbekämpfung bereithält.
- Komplett müssen die Hintergrundsysteme sein. Ein internes Backup-Expertensystem, eine regelrechte Bug-Datenbank kennt jeden noch so kuriosen Fall – und sei es die CD im Lüftungsschlitz statt im Laufwerk.
- Kanalisiert muss er arbeiten. Generalisten zur blitzschnellen Weichenstellung – Spezialisten zur komplexen Umsetzung. Der Kunde merkt sich einen Ansprechpartner, ja kennt ihn bald richtig gut. So bauen sich Hemmungen ab, das Ohr am Markt ist weit geöffnet. Mit diesen Erkenntnissen in die Produktentwicklung der nächsten Generation - und der freundliche Dauer-Servicekunde ist auf einmal als Beta-Tester fürs neue Release dabei. Denn seit Microsoft wissen wir alle: 1000 externe Beta-Tester sind billiger als 10 interne Freaks. Kanalisiert auch, um bei artverwandten Problemen aus dem Überblick Kapital schöpfen zu können. Die interne Weitergabe funktioniert dann ohne Verluste: „Noch so ein Maier-Fall – frag' ihn nach dem Telefonstecker..."
- Kollegial sollte er sein. Mit stoischer Ruhe ertönt ein warmes „Schauen wir uns das noch mal an...", „Machen wir noch ein Beispiel...", „Gehen wir noch mal ganz nach oben...". Dieses Wir-sitzen-doch-im-gleichen-Boot-Gefühl nivelliert die oft eingangs vorherrschende eiskalte Polarität („Hier tut gar nichts mehr" – „Kann überhaupt nicht sein") zu einem gesunden Miteinander.

Denn trotz aller e- und m-Kommunikation ist immer noch der Mensch die Hauptfigur.

Noboddi iss berfägt

Wenn meine Grossmutter früher über die „unbenutzbare" Bedienungsanleitung ihrer Singer-Nähmaschine schimpfte, hielt ich als technisch nicht komplett unbegabter Junge sie schlichtweg für inkompetent.

Wenn ich mich heute durch die 38 Seiten „German" der megamultilingualen Bedienungsanleitung meines Premium-Marken-Laserdruckers quäle und partout das nicht finde, was mir weiterhelfen würde, dann werde ich nachsichtig und nachdenklich...

Empfängerschwäche? Senderschuld? Ist mir doch wurscht – wer zahlt, schafft doch an!

Wut. Weg mit dem Pamphlet. Es gibt doch das Allheilmittel Internet! Alles da, super.

Denkste! Der gleiche Schwachsinn, es ist nur ein Abdruck. Also Hotline anrufen, Dampf ablassen (wäre mir bloß diese Idee nicht gekommen – siehe weiter). Das einzige, was läuft, ist der Gebührenzähler ('ne Flatrate wäre doch sinnvoll!?). Kontakt im Stil „süsser Tiefkühlpudding". Ich soll mein Problem „auf den Punkt" schildern – wenn ich das könnte, hätte ich vermutlich keines. Ich habe nun mal weder eine Mechatroniker-Lehre noch ein Informatik-Studium. Also Weiterverbindung zur Datenbank Multiple Choice, „deren FAQ´s Ihnen ganz gewiss weiterhelfen" (so O-Ton der eisernen Lady am Telefon). Es kommt, wie's kommen musste: die Lösung meines Problems kann ich nicht finden. Aber ich finde wenigstens die Telefonnummer eines Servicetechnikers „in meiner Region" (de facto 65 km weit weg). Also anrufen: richtig netter, patenter Kerl, hilfsbereit und offenbar kompetent. Kann oder will mir aus der Ferne nicht helfen. Klar, er verdient ja nur, wenn er zu mir kommt. In Gottes Namen, ich will ja farbkopieren. Anfahrtpauschale 75,00 €.

„Da haben Sie (selbst??) wohl die gelbe Tonerkassette in den schwarzen Schacht gesteckt, kein Wunder, da spinnt die Software! Das kommt vom Internetkaufen. Hätten Sie bei uns bestellt, hätten Sie ein Hinweisblatt gefunden". Prima finde ich das, man könnte die Kassetten ja auch so konstruieren, dass Sie nur richtig platziert in den Apparat reinpassen. Na schön, was gelernt. Der nette Kerl wechselt mir „gratis" schwarz gegen gelb, nutzt die Situation zum Angebot eines Servicevertrages. Nee – so was passiert mir ja nicht wieder. Danke, Trinkgeld, Tschüss.

Zehn Wochen später Papierstau im Einzugsschacht. Alles probiert, manchmal klappt's, meistens staut's. Ich rufe meinen netten Kerl freitagabends zu Hause an (ich hatte mir mit einem kleinen Trick seine Nummer besorgt). Erkläre mein Problem, Antwort: „das ist bekannt, Sie dürfen nicht Papier XXX nehmen, mit YYY gibt's kein Problem. Aber behalten Sie das ja für sich, sonst kriege ich richtig Probleme. Sie wissen ja, die Juristen...

Schade, XXX war als Spezial-Laserduckerpapier so schön preiswert im Großmarktangebot. Also Samstag früh zum Bürofachhändler. Denkste! Samstags zu.

Verdammt. Also Internet-Bestellung bei seriöser Adresse. Dienstag drauf wird der Mann von DHL kommen – endlich Papier! Ich kann dann wieder farbkopieren, obwohl (!) es den Premium-OEM noch (!) gibt. Vielleicht überlebt er durch Fusion mit einem Besseren.

Inzwischen Samstagmittag. Trostsuche auf einem anderen Spielfeld: mein Hobby ist mein englischer Oldtimer, letztes Modell eines herrlichen Klassikers, ausgereift. Fixe Idee: doch mal schauen, wie die Engländer damals ihre deutsche Bedienungsanleitung hingekriegt haben. Immerhin nur dreisprachig (englisch, französisch, deutsch – kein chinesisch).

Wörtlicher Auszug aus dem deutschen Text: „Anfangen von Verfahren: Diese Zusatzanleitung stellt fusioniert ein revidiertes Anfangen von Verfahren relevant zu dem Jaguar Serie III bereit und soll in Verbindung mit dem Handbuch gelesen werden. Die Maschine (heiss oder kalt) anzufangen, drehen Sie die Zündung „III" gegen Frühjahr-Druck zu stellen, lassen Sie den Schlüssel bis den Maschinen-Starts und Läufen gleichmäßig nicht frei. Sollen anfängt oder läuft die Maschine gleichmäßig nach 5 Sekunden nicht, lässt den Schlüssel frei. Pause für eine Periode von 5 Sekunden vor Versuchen, der über Anfangen von Verfahren zu wiederholen". Ich bin der Sache nachgegangen: die Techniker hatten den Text verfasst, der Übersetzungscomputer der juristischen (!) Abteilung war der „Schuldige", kontrolliert und verantwortet hat's niemand. Wahrscheinlich hätte das Gerät auch „torque" als „Rotationsaugenblick" statt als „Drehmoment" übersetzt...

Gebrauchsanleitungen/Bedienungshandbücher sind so eine Sache – 1993 wie vielfach unverändert heute.

Im Arbeitsstil zeigt sich das Profi-Profil

Foto: Alex E. Proimos

Service-Effizienz wird in schönen Prospekten besprochen, in Pressekonferenzen behauptet und in Führungsetagen – manchmal blindlings – beschworen. In der Praxis beurteilen aber nur die Kunden, was sie als Service-Effizienz erleben. Und da bleiben bei vielen Kunden viele Wünsche offen. Termine und Kostenpläne werden nicht eingehalten, Teile fehlen, korrekte Anlagen-Dokumentationen fehlen, Kompetenzen fehlen, Bürokratie bremst, gutgemeinte Improvisationen entpuppen sich als halbe Problemlösungen, Nach-Services werden erforderlich, Reklamationen vergiften die Atmosphäre, Emotionen kommen störend auf, Konflikte sind möglich, offene Kommunikation fehlt: Zusammen-Arbeiten sieht anders aus... Für das Unmachbare haben wir viele Erklärungen und Entschuldigungen parat. Aber den Kunden interessiert nur eins, nämlich das Machbare, oder besser gesagt das Gemachte.

Wenn der Kunde dann nur noch die Dienstleisung der (Fern-)diagnose abruft und von uns per Express Ersatzteile haben will, um sich selbst zu helfen oder (vermehrt!) freie Service-Provider einzuschalten (was oft dann nahe liegt, wenn mehr Elektronik als Mechanik im Spiel ist), dann sollten die Alarmglocken läuten: der Kunde ist offenbar auf der Verabschiedungs-Flucht („die süße Rache des sauren Kunden"). Wenn Sie als Service-Manager so etwas ohne Dosierung, Filtrierung oder gar Manipulierung von Ihren Leuten prompt erfahren, dann können und müssen Sie eingreifen – oft ist „Krisenmanagement" nötig. Sie kriegen's dann schon hin. Wenn Ihnen Ihre Leute aber ernste Probleme aus Angst oder Dummheit verheimlichen, dann stimmt der Führungsstil nicht, dann fehlt das Vertrauen, dann wird's problematisch.

Früher war die fachliche Kompetenz die entscheidende Erfolgs-Dimension der Service-Leiter. Sie wussten Bescheid wie kein anderer. Unfehlbarkeit. Dann kam vermehrt die kommunikatorische Kompetenz zum Tragen. Man verstand es per gutem Kontakt, mit den Kunden und mit den Mitarbeitern (und mit den Kollegen) zu reden. Arrangement. Heute und künftig ist die methodische/systematische Kompetenz die „Zentral-Tugend": Prozesse festlegen und umsetzen, dokumentieren und permanent verbessern. Gelebte Verantwortung für Kunde und Kasse.

Es sollte uns schon zu denken geben, dass mehrdimensional ausgebildete Praktiker (typisches Beispiel Mechatroniker) und systematisch ausgebildete (studierte) Manager in die Leitungsfunktionen des Service drängen. Sie haben erkannt, dass man in diesem stets wichtiger werdenden Funktionsbereich gute Karrieren machen kann. Wo Geld zu verdienen ist, da drängeln die Ehrgeizigen. Da gibt's für die Platzhalter nur eine vernünftige Konsequenz, nämlich die Aktualisierung und ggf. die Aufrüstung des eigenen Management-Know how. Vorbeugende Instandhaltung der eigenen Kompetenz! Profi sein heißt, seine Leistungspotenziale nicht dort haben, wo sie bisher immer „gestochen" haben, sondern dort, wo sie heute und vor allem morgen gebraucht werden. Changing Management. Learning top/down.

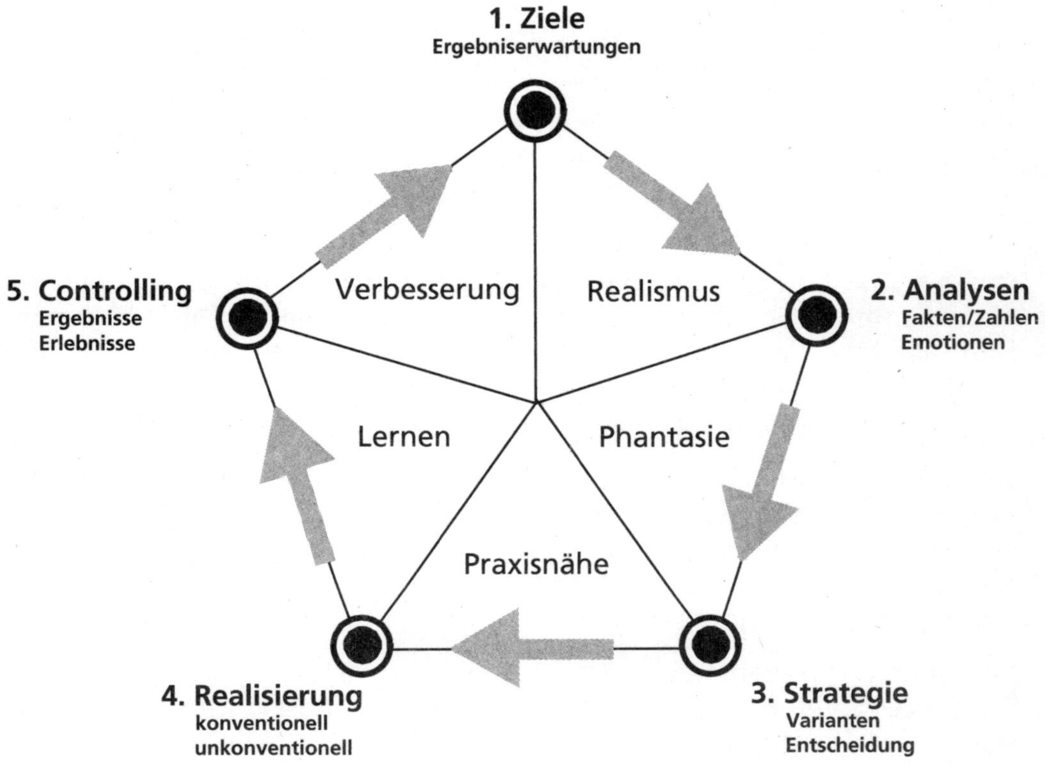

Servicequalität statt Produktprofil?

Die Zeiten verändern sich, und wir verändern uns in ihnen. Produktentwickler, Produktmanager und Vertriebsverantwortliche konnten früher häufig „von oben herab auf den Service schauen". Motto: wir sind produktiv, die verursachen nur Kosten und erwirtschaften keine Gewinne.

Wer hoch steigt, der kann tief fallen. Wo sind sie denn, die vielbesungenen USP's, die profilierten Produkte, die einmaligen Kampagnen, die festen und konditionell ungefährdeten Kundenverbindungen? Weg sind sie! Untergegangen im homogenen Grau der Produktangleichungen. „Waschmittelzustände" in fast allen Märkten.

Das Design soll helfen, manchmal haut das hin. Die Marke muss tragen, manchmal hat sie so viel Power. Die Kalkulation muss herhalten, manchmal tut sie es bis zur Pleite. Ach ja, da ist ja noch der Service. Was wir vorher im Verkauf nicht holen, könnte der doch nachher holen. Dann, wenn der Kunde uns braucht, wenn er abhängig ist und nicht so souverän wie zum Kaufzeitpunkt. Ist das die Chance für uns im Service? Phoenix aus der Asche?

Durchaus ja! Im Service haben wir wieder einmal zu bescheiden gewartet, bis man uns brauchte. Business durch Service mit eigener Profitabilität – das wär's. Dann erkennt auch das Management (endlich) einmal, welche Ertragspotenziale wir im Service repräsentieren. Und dann können wir das Aschenputteldasein demonstrativ beenden.

Aber Achtung: die flinken Herren vom Vertrieb integrieren uns schon wieder in ihre Mischkalkulationen mit der vernebelnden Formel „integral-multiple Kundenbindung" – von der ersten Akquise bis zur letzten Ersatzteillieferung. Oder sie nennen's „total clienting management" – die gleiche Kröte im schöneren Gewand!

Wie nehmen wir vom Service Position ein? Indem wir im Service top performance bieten und das kundtun nach dem Grundsatz „tue Gutes und lass es den Anderen wissen". Der Andere – das ist der Kunde, der unsere nützlichen Leistungen gut honoriert. Der Andere, das sind Management und Controlling, die endlich erkennen sollen, was wir im Service verdienen. Der Andere, das ist auch die Kollegenschaft in Marketing / Vertrieb, die oft nur noch durch uns im Service den Kunden gewinnen oder halten kann. Der Andere – das ist auch unser eigener Mitarbeiter: Wir leisten Ähnliches wie der Wettbewerb, aber wir leisten es unähnlich besser.

Service today – diese attraktive Fachzeitschrift druckte einen sehr praxisgerechten Aufruf zum Handeln:

- wie gewinnt der Service an internem Gewicht?
  (Organigramm, Prozess-Organisation...)
- wie gewinnt der Service an externem Profil?
  (Broschüren, Leistungsofferten, Internetpräsentationen...)
- wie gewinnt der Service an Akzeptanz bei Kunden?
  (psychologische Verhaltenstrainings, Kommunikationsschulungen...)
- wie gewinnt der Service an Profitabilität?
  (Kundennutzen verkaufen, moderne Kalkulationsflexibilität...)

Unser Service-Licht hat lange genug unter`m Scheffel gestanden. Nachdem die Produktprofile nicht mehr so überlegen strahlen, bringen wir mit Servicequalität den Kunden zum Strahlen – und zum Bezahlen. Service today.

Der Bumerang ...

Kennen Sie die Geschichte von dem alten Australier, der sich einen neuen Bumerang gekauft hatte und über dem Versuch, den alten wegzuwerfen, wahnsinnig wurde...?

Foto: srqpix

Und sein Bruder hat sich einen hightech Bumerang mit elektronischer Flugbahnkorrektur angeschafft, dabei aber die Freude am Werfen und das Erfolgserlebnis am eigenen Können verloren...

Sitzt ein solcher Australier (oder beide) nicht auch auf Ihrem eigenen Stuhl? Da hat man sich in den vergangenen Jahren der übertriebenen IT-Euphorie die tollsten Systeme aufschwatzen lassen („Prozessoptimierung ohne Ende"), nichts funktioniert richtig (außer den mit persönlichem Einsatz manchmal „unerlaubten" Erfahrungssystemen von uns Praktikern), die Kosten laufen ins Uferlose, die Terminversprechungen könnten jeden Phantasie-Wettbewerb gewinnen, alle Beteiligten sind sauer.

Unter anderem auch die Kunden, die sich im Wirrwarr des Imperfektionismus ver... (verlassen) fühlen. System-Inflexibilität plus Computer Voice Imitation können keine Menschen überzeugen!

In den Wirtschaftszeitungen werden vollmundige Manager und Controller zitiert, die der IT-Eskalation den kostensparenden Garaus machen wollen (klingt ja gut, ist gar nicht so falsch), und es werden allzeit eifrige Consultants zitiert, die ihre Haut (= Summe von Tagewerken) mit dem Motto „nicht kurz vor'm Ziel aufgeben" retten wollen.

Schöne Bescherung! Was tun?

Gesetzt den Fall, unsere Service-Funktion und -Organisation gäbe es noch gar nicht. Wie würden wir sie heute „auf die grüne Wiese" bauen? Machen wir uns den Kopf frei vom IST (oder gar „MUSS-SO-SEIN"), orientieren wir uns am SOLL.

Beantworten wir uns beinhart die Frage, welcher Kunde (welche Zielgruppen) künftig welchen Service braucht/will und welchen nicht.

Nicht was wir bieten ist entscheidend, sondern was unsere künftigen Kunden geboten bekommen und konsequenterweise bezahlen wollen...

So ergibt sich das strategische Konzept unseres Vorgehens wie von selbst:

1. Definieren der Ziele
2. Prüfen der Voraussetzungen
3. Entwickeln phantasievoll-realistischer Strategien
4. Planung und Organisation pragmatischer Maßnahmen
5. Konzeption eines konstruktiven Controlling

Wenn in dieser Logik Projekte und Prozesse festgelegt werden, dann klappt's! Dass dazu Marketing („Pre Sales"), Vertrieb („Sales") und Service („After Sales") engstens und mental unblockiert zusammenarbeiten müssen, weiß jeder Profi.

Was passiert, wenn wir „nichts" tun? Die halb installierten Supersysteme töten sich selbst. Die Wirrwarr- und Kosten-Verursacher sind auf der Flucht. Wir als Service-Verantwortliche dürfen den Karren wieder einmal aus dem Dreck ziehen – Improvisation wie eh und je.

Ist das nicht zum Verrückt-Werden ... (denken wir an unseren Australier!)

Bleiben wir Täter, lassen wir uns nicht zu Opfern degradieren. Rücken wir die Strukturen zurecht. Verrücken wir das Verrückte! Geben wir der Zukunft einen Ruck!

IQ-SAVE: die Qualitätslawine

Foto: Ai@ce

Es war einmal eine Königsfirma. „Neulich stand in der Zeitung, dass die Mitte wegfällt und nur Qualität überlebt!" eröffnete Herr Kaiser als Repräsentant der Familienerben die Beiratssitzung. „Früher hieß es immer: nur gute Ware wird im Land bekannt, was sich nicht verkauft, ist Tand", fuhr er fort. Die Verfolgung des Projektes „SQO – Strategische Qualitäts-Offensive" wurde einstimmig verabschiedet, denn jeder der Führungskräfte wusste, dass man vor lauter Sparmaßnahmen und operativer Aktionitis hier Nachholbedarf hatte.

Gleich nach der Sitzung rief Herr König seinen QM-Beauftragten, Herrn Uhrmeister zu sich. Tatsächlich hatte dieser schon etliche Versuche unternommen, die Qualität im Hause zu verbessern. Aber immer wieder lehnten die Abteilungsleiter seine Vorschläge ab:

- „So viel Qualität merkt der Kunde sowieso nicht..." sagt Herr Handel, der Marketing- und Vertriebsleiter
- „So viel Qualität hält nur die Produktion auf..." sagt Herr Dampfmacher, der Produktionschef
- „So viel Qualität schaffen unsere Lieferanten gar nicht..." sagt Herr Kaufmann, der Einkaufsleiter
- „So viel Qualität macht uns ja arbeitslos..." sagt Herr Eisenmann, der Kundendienstleiter
- „So viel Qualität ist einfach zu teuer..." sagt Herr Buchner, der Controlling-Leiter
- „So viel Qualität hat früher auch niemand gebraucht..." sagt Frau Elfenbein, Enkelin des Firmengründers
- „So viel Qualität ist immer noch zu wenig..." sagt Herr Prinz, hoffnungsvoller Unternehmernachfolger der Kaiser-Erbengemeinschaft und glühender SIX SIGMA-Verfechter

Das hat Herr König auch schon alles zu hören bekommen. Aber seit der markanten „Kaiserrede" hinterfragt er die Aussagen. Warum denken die Verantwortlichen so? Was sind deren Motive? Das sind doch alles nur Meinungen! Was wäre, wenn jeder den gleichen Zweck verfolgen würde? Wenn jeder die gleiche Dosis Qualität wollte? Dann müsste sich das doch lösen lassen.
Herr Weitblicker, als weltgewandter Mann über die Grenzen hinweg bekannt, brachte die Lösung auf den Punkt: nur, wenn jeder die gleichen Qualitätsziele erreichen will, wird nicht nur der Qualitäts-Output, son-

dern nebenbei auch die Qualität der kompletten Prozesskette besser. Und das nicht zwingendermaßen zu steigenden Kosten! Geschäftsführung und QMB waren sich spontan einig: das müsste funktionieren. Erst einmal alle Mitarbeiter zum Thema Qualität sensibilisieren, dann aufräumen und verbessern, dann messen und halten.

Wer macht das? Herr Uhrmeister bekam kalte Füße: „Wieso sollten mir auf einmal jetzt alle zuhören, wo sie es früher nie getan haben?" Herr König bekam heiße Ohren, denn er hat keine Zeit für solche Vorwände.

Nur nebenbei erwähnte Herr Weitblick den Herrn Samurai, einen KAIZEN-Experten aus fernem Land. Er wurde eingeladen. Und kannte alle QM-Modelle dieser Welt, incl. Vor- und Nachteile. Zunächst lernte das Management, dass nicht die eine richtig oder die andere falsch ist, sondern dass man die besten Grundzüge aus jeder Theorie spezifisch herausziehen kann. Herr Samurai nennt es „IQ = Ich-Qualitätsmanagement". Ich steht für die Firma, Ich steht für den einzelnen Arbeitsplatz eines beliebigen Mitarbeiters, Ich ist die Klammer über jeder beliebigen Abteilung oder Sparte, Ich ist ein Synonym für das Team. Um den richtigen Extrakt aller relevanten QM-Theorien zu finden, stellte Herr Samurai sie erst einmal chronologisch vor:

- Phase I: Qualitätszielangleichung": alle sollen unter Qualität das Gleiche verstehen und sie nicht als Widerspruch oder Mehrbelastung zur täglichen Arbeit sehen. Qualität darf nicht zusätzlich gemacht werden müssen, sie muss einfach überall drinstecken. In jedem Handgriff, in jedem Werkstück, in jeder Dokumentation, in jeder Annahme oder Weitergabe. Sie schwingt quasi als „Antimaterie" in jedem stofflichen und informatorischen Prozessabschnitt mit. Sie muss verinnerlicht werden. Sie muss jeden Tag bei mir, nein in mir sein: jeder muss den „Wandel zum Besseren" wollen und suchen wollen. Das heißt auf japanisch KAIZEN...
- Phase II: grundlegende Prozess- und Produktverbesserung (Q-Engineering), in der zur Not durch strategische Restrukturierung erst einmal richtig „aufgeräumt" wird. Produkte waren auf einmal leicht montierbar, der Materialfluss regelte sich selbst, die Komplexität sank, die Gleichteile stiegen, der Versand war jeden Abend abgeschlossen, die IT bekam alles mit und das Management die richtigen Zahlen.

Sind die strukturellen Voraussetzungen gegeben, startet die

- Phase IIIa: Total Quality Management (TQM) mit dem Schwerpunkt einer gleichbleibend technisch-betrieblichen guten Produkt-, Prozess- und Organisationsqualität. Sie mündet in die
- Phase IIIb: Business Excellence nach EFQM, die aus acht Grundpfeilern besteht:

1. Ergebnisorientierung
2. Ausrichtung auf den Kunden
3. Führung und Zielkonsequenz
4. Management mittels Prozessen und Fakten
5. Mitarbeiterentwicklung und -beteiligung
6. Kontinuierliches Lernen, Innovation und Verbesserung
7. Entwicklung von Partnerschaften
8. Soziale Verantwortung

Somit ist das Qualitätsmanagement in seiner Ausrichtung auf Stakeholder erweitert worden, was sich in einer langfristigen Stabilität positiv bemerkbar macht.

Alle bisherigen inhaltlich orientierten Qualitätsmanagementmodelle legen ja nahe, das jetzt Erreichte einmal festzuhalten. Insbesondere, wenn im Lieferkettenverbund Qualitäts-Mindestanforderungen gestellt (ggü. Lieferanten) oder eingehalten (ggü. Kunden oder Prozesspartnern) werden müssen, bietet sich eine Dokumentation der Qualitätssysteme an:

- Phase IV: Zertifizierung (z.B. nach ISO 9001:2008, ISO/TS 16949 / QS9000 u.a.). Sie schreibt gewissermaßen den Grad der Ordnung (oder auch noch verbleibender Unordnung) auf. Das glauben dann die Kunden, Mitarbeiter und Lieferanten... Seitens der Zertifizierer immer lauter werdende Rufe nach
- Phase V: Qualitätskennzahlen und Qualitätsentwicklung. Diese gehen einher mit steigenden Anforderungen der Stakeholder nach ganzheitlichen und ausgewogenen Qualitäts-Messinstrumenten, die nicht nur den Output und die internen Prozesse verfolgen, sondern auch das IST der wirtschaftlichen Situation sowie das WIRD durch Dimensionen wie Wachstum und Innovation zusammenhängend zu greifen versuchen: zum Beispiel per Balanced Scorecard. Um den mittlerweile „sagenhaft“ hohen Qualitätsstandard auch halten zu können, brauchen wir zunächst einmal statistische Werkzeuge, um letzte Ausreißer zu messen und in den Griff zu bekommen:
- Phase VI: SIX SIGMA. Also eine Gauß'sche Normalverteilung um einen Mittelwert (z.B. soll eine Bohrung = 10mm Durchmesser bekommen), in der alle „guten“ Werte innerhalb einer definierten Standardabweichung von 6 Σ oberhalb und unterhalb des Mittelwertes liegen dürfen. Absolut durchgerechnet heißt das, dass höchstens 3,4 von einer Million Transaktionen, Werkstücke, Bearbeitungsabschnitte etc. falsch laufen dürften. Für einen Straßenbauer oder Holzfäller leicht zu schaffen. Aber...
- Phase VII: Nullfehlerstrategie: ...es gibt Branchen, da muss alles funktionieren. Hätte der Frankfurter Flughafen z.B. jeden Wochentag 3,4 Tote, weil da und dort eine Landung misslingt, wäre sicher der Teufel los. Für eine Großbank, die jeden Tag Milliarden bewegt, wären pro Jahr immerhin 3400 € x 365 = 1,2 Mio € zu viel oder zu wenig verbucht. Peanuts? So eine Prozesssicherung hin zu null Fehlern erfordert nicht nur ein Höchstmaß an Automatisierung; hier ist vor Inbetriebnahme auch eine Höchstleistung an Projektmanagement zu erbringen.

Am Schluss der Aufzeichnungen schauten sich Herr König und Herr Uhrmeister in die Augen: tolle strategische Optionen, doch wie sollen wir als Mittelständler solch monströse Vorhaben stemmen?
Herr Samurai half bei der Verdichtung: man nannte das Gesamtprojekt jetzt IQ-SAVE = Ich-Qualitätsmanagement durch Sensibilisieren, Aufräumen, Verbessern, Erhalten.

Herr Samurai wurde nicht müde, Leute anzustecken, die wieder welche zum Anstecken fanden. Jeder Mitarbeiter bekam „Spickzettel“ mit den Kernpunkten nahegebracht: die einen auf die Rückseite ihrer Krawatten, die anderen auf die Latzhosen. Sets in der Kantine wurden bedruckt, ein wahres innerbetriebliches Merchandising wurde zelebriert.

Die Qualitätslawine brach los. Jeder hatte Spaß daran, zu erzählen, was auf einmal alles funktioniert. Nicht mehr wie früher, wo in der Kantine mit Superlativen getrumpft wurde, was alles schief geht und wo noch größere Klöpse passiert waren.

Und wenn die Firma nicht von einer Heuschrecke gefressen wurde, so lebt sie noch heute erfolgreich selbständig.

Serviceprozesskettenverlängerungs-qualitätseinbußengefahr

Siegfried Sehrschlau, Chef der Stanford Standardising Services Agency, soll in einem mondänen Alpenort einen Vortrag halten: Optimale Serviceprozessketten – dezentrale vs. zentrale Lösungsansätze.

Foto: Hryck

„Ganz einfach", dachte er sich, und lud seine besten Mitarbeiter zum Round Table-Gespräch ein:

„Ganz nah: dort helfen, wo es passiert", sagt Paul, der Praktiker mit dem Schraubenschlüssel hinter dem Ohr. Was soll dieses ganze Herumgemelde, wenn man immer nur aufschreibt, was getan werden muss, es aber erst viel zu spät tut? Service vor Ort: direkt am Geschehen, im Getriebe. Hin zum Anwender, Soforthilfe leisten, dann sind ja auch die Stillstandszeiten geringer.

Da hat er recht, dachte Siegfried.

„Ganz individuell: so helfen, dass es nicht schlimm ist, wenn es passiert", sagt Kuno, der Kundenkenner. Erst mal die Angst nehmen, Vertrauen schaffen, im Gespräch Erfahrungen über eventuelle Fehlbedienungen sammeln, richtig nett sein, das eine oder andere Add-on gleich mitverkaufen und dem zahlenden Kunden fast schon eine Freude auf den nächsten Servicefall einhauchen.

Da hat er auch recht, dachte Siegfried.

„Ganz schnell: unmittelbar helfen, wenn es doch passiert", sagt Hardy, der immer erreichbare Handy-Jongleur, der seinen Service 24h richtig gerne macht: das wirkt auch am Wochenende bei seinen Freunden richtig cool und wichtig. Mit UMTS, SMS und web based services macht er in der Kneipe die Fehlerdiagnose, bestellt beim Frühstück die Ersatzteile und gibt am Strand online-Schulungen.

Stimmt auch, dachte Siegfried.

„Ganz einheitlich: immer gleich gut helfen, dass es bald nicht wieder passiert und wenigstens die Betreuung nicht jedes Mal neue Kosten verursacht", sagt Bernd, der Backoffice-Businessplaner. Das muss in allen Outlets und Tochtergesellschaften schnurren. Zentralisierte Arbeitsabläufe mit 1st, 2nd und 3rd level support. Von Singapur bis Stuttgart gleich, in einem weltweit zusammengezogenen Rechenzentrum mit Skaleneffekten.

Stimmt irgendwie schon wieder, dachte Siegfried.

„Ganz integriert: jeder Incident muss kohärent getrackt werden, damit der Dispatcher die Problemmanager bundlen kann, was im nächsten Release echte Advantages bringt. Jedes Issue muss fully committed von einem Responsible zum nächsten strukturiert geforwarded werden, ohne die Service Supply Chain zu cutten. Sonst ist die Customer Awareness ziemlich disharmonised!" meint Bruce, der McBrain Blackbelt-Berater.

„Muss stimmen, auch wenn ich nix kapier'", gestand sich Siegfried ein. „Aber, können denn alle Recht haben? Wo liegt nun das Optimum?" schoss es ihm durch den Kopf.

Es gilt, diese Erfolgsparameter richtig auf das eigene Geschäft anzuwenden. Ein paar „Gewissensfragen" helfen da schon in der Aufbauphase dieser Services:

1. Ist mein Kunde/Anwender als Privatperson oder als Firma mit mir in Kontakt?

2. Wie schlimm ist für Ihn die Ausfallzeit? Schlimm heißt hier einerseits quantitativ/monetär – was kostet eine Stunde Stillstand tatsächlich? bzw. qualitativ/persönlich, was entgeht mir an Information, Erlebnis, Genuss, Erfüllung o.ä. in der Stillstandszeit? Diese „Schlimmheitsskala" ist mitunter sehr subjektiv!

3. Welche Ressourcen müssen normalerweise herangezogen werden, um Abhilfemaßnahmen erfolgreich durchzuziehen? Wann sind diese abrufbar? Von wo kommen sie? Sind sie international einsetz- bzw. austauschbar?

4. Lässt sich die Diagnose bzw. Reparatur „digitalisieren", kann ich also mit moderner IT über Remote-Systeme etwas erledigen? Lassen sich installed bases mit Modem-/DSL-/Funklösungen nachrüsten?

5. Ist der Fehlerfall komplex und muss von der gleichen Person erfasst/abgefragt werden, die ihn nachher auch abstellt?

6. Welche organisatorischen Vor- und Nachteile ergeben sich durch eine Zentralisierung bzw. Dezentralisierung der Services? Zu ermitteln wären da z.B. Zahl der Prozessabschnitte, Zahl der Verantwortungsübergänge, Prozesskosten, Prozessausfallrisiko und Skaleneffekte durch die Homogenisierung/Zentralisierung, sowie Kunden-Sensibilität und ggf. steigende Reklamationskosten.

Der Schnee schmolz schnell in den Alpen, und „Service-Siggi" wurde zum gefragten Redner.

Aus dem Logfile einer Tiefkühltruhe

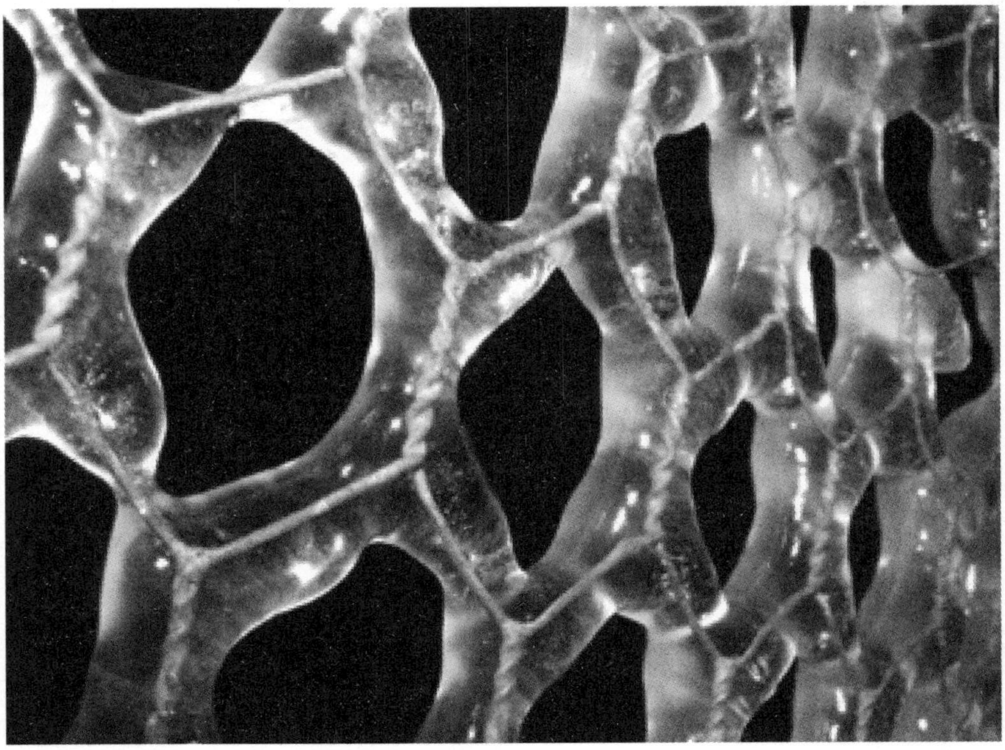

Foto: mouldkevin

2012. Eine Tiefkühltruhe plaudert aus ihrem Leben. Sie steht zwischen Kollegen in einem Supermarkt mitten in Deutschland. Eigentlich ein langweiliges Leben, sollte man meinen. Doch weit gefehlt: das Tagebuch (zu neudeutsch Logfile) der Maschine hat so allerhand Interessantes zu erzählen:

4.4.2012: Mittwoch vor Ostern. Es gab tatsächlich nochmal einen Wintereinbruch. Schnee lag auf dem Abluft-Wärmetauscher des Außenteils der Kühlanlage, der Propeller war vereist. Na und, das gab es doch früher auch!? Aber inzwischen gibt es ja keinen Frischfisch mehr, man lebt jetzt im Zeitalter des Monosourcing. Also Tiefkühlkost oder trockenes Brot.

- Truhe an Betriebscockpit: mir wird es zu heiß!
- Betriebscockpit an Web-Dispatch: Alarm!
- Web-Dispatch an Handy des Bereitschaftsdienstes: Incident bei Truhe 3, Supermarkt 23, Gebiet 79!
- Bereitschaftsdienst an Truhe: remote-Diagnose.
- Truhe an Diagnosecockpit: Abwärmetemperatur zu hoch, Notlaufprogrammaktivierung fehlgeschlagen!
- Bereitschaftsdienst an Versionsreplikationsserver: Patch-Stände checken!
- Versionsreplikationsserver an Bereitschaftsdienst: Softwarepatch des Notlaufes zu alt, inkompatibel mit Temperaturwarnmeldungen!
- Bereitschaftsdienst an Server: Flashen!
- Server an Truhe: hier frischer Software-Fisch!
- Truhe an Bereitschaftsdienst: Patch drauf, Notlauf aktiviert!
- Bereitschaftsdienst an Servicemanagement: Zwischenfall buchen!
- Bereitschaftsdienst an Vor-Ort-Service: root cause beseitigen: Propeller entklemmen!
- Vor-Ort-Service an Bereitschaftsdienst: Incident-Nummer erteilt, Fahrer Heinz auf Tour 17 zugewiesen, voraussichtlicher Eintrefftermin 11:45!

- Bereitschaftsdienst an Supermarkt: Achtung, da kommt einer vom Vor-Ort-Service!
- Vor-Ort-Service an Eis: schmelzen!
- Truhe an Notlauf: umschalten auf Normalbetrieb!
- Vor-Ort-Service an Tiefkühl-Provider: fakturieren!
- Tiefkühl-Provider an Mitarbeiter: warum habt Ihr nicht rechtzeitig geflasht, den Noteinsatz hätten wir uns sparen können. Wisst Ihr eigentlich, was das alles kostet?
- Mitarbeiter an Tiefkühlprovider: jaja, weniger als das längst budgetierte, aber nie unterschriebene Projekt zur automatisierten Überwachung der Softwarepatches im Feldeinsatz!
- Tiefkühlprovider an Tiefkühlprovider: Mist!

Alles Schnee von morgen? Nein, das gibt es schon. Einmal Elektronik, immer Elektronik. Wer mittendrin aufhört und nur halb integriert, läuft Gefahr, einen Glauben der Sicherheit aufzubauen, der in voller Konsequenz überhaupt nicht gehalten werden kann.

Sitzt zwischen 100 Sensoren und Aktuatoren noch ein Biomodul (= Mensch), habe ich einen „Medienbruch". Der Mensch kennt u.U. nicht alle Input- und Output-Größen und tut sich schwer, seine körpereigenen Sensoren und Aktuatoren in ein solches BUS-System erfolgreich einzuhängen.

Unser Fazit:

1. Maschine-Maschine-Automatisierungen komplettieren, wo man sie begonnen hat. Auch auf die Gefahr hin, dass das Budget hoch und der ROI spät wird
2. Maschine-Mensch-Maschine-Automatisierungen vermeiden oder mit entsprechendem QM- und Schulungseinsatz absichern
3. Mensch-Mensch-Automatisierungen nicht überall sterben lassen: für sich oft ändernde aber nicht zu oft vorkommende Sachverhalte immer noch der Königsweg
4. Frisch-Fisch-Automatisierungen nicht zur Monokultur werden lassen. Lieber guten Appetit als igitt

10.4.2012: Die Webcam in der Truhe zeigt an, dass die Forellen fast vergriffen sind.

- Truhe an Bestellvorschlagsrechner: Forellenbestand soeben unter Mindestbestand gesunken!
- Bestellvorschlagsrechner an Lieferanten-KANBAN-Server: Kurzfristiger Nachfragesprung bei Artikelnummer 4711, bitte Eilbestellung auslösen!
- Mensch an Lieferanten-KANBAN-Server: Ostern ist vorbei, Nachbestellung hinfällig!

Full Pull für Dienstleistungen

Foto: shelley ginger

Die Paul & Dieter AG will alles perfekt machen. Doch die Doppelspitze der Firmengründer droht, ins Ungleichgewicht zu rutschen.

Paul ist der Produkt-Guru: er hatte schon im Kindergarten die stabilsten sowie schönsten Flugzeuge, war mehrfacher Lego-Baumeister, erhielt ein Engineering-Stipendium. Das Gefühl für Material und Materialverarbeitung ist einfach drin. Er hat zwei Vorbilder:
Frank Lloyd Wright war es, der den berühmten Satz „Form follows function" prägte. Diese Formel gilt bis heute als erstes Gebot für Designer, Entwickler und Konstrukteure – alle verkörpert durch Paul. Kiichiro Toyoda war es, der mit den Begriffen „ANDON, KANBAN und KAIZEN" und den dazugehörigen Methoden das Fertigungsprinzip von Toyota revolutionierte und die komplette Produktion lean machte. Auch kapiert und kopiert von Paul.

Die Produkte sind fertig entwickelt: praktisch und dennoch schön. Und gebaut: so schnell wie möglich, so gut wie möglich und so viel wie nötig.

Jetzt ist Dieter an der Reihe: Dienstleistungen sind sein Ding: Pre Sales, Sales und After Sales, also Marketing, Verkauf und Service. Ach ja, und auch so'n bisschen Verwaltung, Controlling und Personalwirtschaft. Dieter ist zwar pfiffig, sucht aber noch immer nach der Lean Sales & After Sales Formel schlechthin.

Darüber ist er zum richtigen Wissenschaftler mutiert: ein Regal voll Methoden, zwei Internetleitungen voll sites und communities, drei Schränke voll best practices und benchmarks, vier Büros voll Referenzlösungen und Projektbeispielen und 5 Gigabyte voll mails, die alle wichtig sind. Sein Kopf ist randvoll, irgendwann müsste die Weltformel doch herauspurzeln.

„Alles nur Lagerhaltung" höhnt Paul. „Statische Informationen, gebundenes Kapital, Blockade für anderes. Viel zu lange Rüstzeit, viel zu viele Abhängigkeiten und Interferenzen. Unmanövrierbarer memory overflow! Das macht doch nur Kopfschmerzen!" Erleichterung tut Not. Das Gesamtwerk stapelt sich ins Unermessliche. Und oben drauf sitzt Dr. Faustus: „... und ich sehe, dass wir nichts wissen können, das will mir schier das Herz verbrennen!"

A propos Stapel: Stapel sind lauter kleine LIFO-Blocklager. Vollgestellte Wareneingänge genauso wie die in Beamten-Cartoons so oft bekicherten Eingangskörbchen. Aber auch ungelesene e-mails, fürs nächste Meeting gesammelte offene Punkte, abzustimmende ToDo's, diverse Informationen oder Dateien auf dem „Wennichmalzeithabhaufen". Doch die hat man freilich nie.

Fabriken ohne Stapler sind ja ganz in. Alles soll fließen, zu neudeutsch One Piece Flow. Auch die sog. Stapelverarbeitungen (= Batchverarbeitungen) in der EDV kommen aus der Mode: zu dick, zu langsam, zu kontrollintensiv. Echtzeitverarbeitung in vielen kleinen Portionen ist doch viel smarter.

Was hat ein Ameisenvolk mit Finite-Elemente-Berechnungsmethoden oder dem TCP-Internet-Protokoll gemeinsam? Viele kleine Portionen. Jedes Einzelelement ist für sich handlungsfähig und handelt durch individuellen Anstoß seines Nachbarn. KANBAN-Loops kann man übrigens auch als solche Elemente betrachten.
Dabei gilt, dass in der Druckübertragung die Einzelelemente mehr aushalten müssen als bei gleicher Last in der Zugübertragung: heißt dickerer Stahl-Querschnitt oder dickere Nerven.

Doch wie überlebt man künftig im Service, wenn man nur Nerven wie Drahtseile, nicht aber wie Schubstangen hat? Etwa so:

1. Steaks statt Ochsen: schneller durch! Jeder große Brocken lässt sich in viele kleine Bröckchen zerschneiden. Just war wieder St. Martin und wir alle wissen: teilen tut gut. Also zerteilen wir komplexe Themen in Zuständigkeitsbereiche, Phasen, Prioritäten oder, oder. Die Ein-, Auf-, Ver- und Weiterbearbeitungszeit sinkt enorm. Und die Empfänger eines Stück Mantels fühlen sich geehrt, sie werden zu Resultatverantwortlichen ihres Strangs.

2. Sterne statt Ringe: Zentral-Know how statt stille Post. Immer eine Referenz, die abfragbar ist, nie mehr Versionssalat. Ein Server in der Mitte mit eindeutigem Zugriff statt vieler heterogener individueller Häufchen. Was hier nicht drin steht, gibt's auch nicht. Und schon entfällt die mühsame Abgleich- und Synchronisationsarbeit (keine Wertschöpfung!).

3. Sofort statt später: aus den Augen, aus dem Sinn. Wer sammelt, sinniert n-mal übers Gleiche. Dieses Wälzen ist auch keine Wertschöpfung! Sind die Portionen klein genug (1.) und klar genug (2.), geht's schnell und macht Spaß.

4. Sog statt Schub: wer eine Anfrage/Nachfrage erhält, erledigt diese automatisch für seinen Kunden. Braucht er die Hilfe Anderer, wird er zum Kunden der Anderen. Man wird nicht vom Vordermann (= der, der vor mir agiert) der Prozesskette geschoben, etwas für den nächsten zu tun, sondern der Hintermann (= der, der nach mir agiert) der Prozesskette fragt Leistung nach, zu der man in Teilen seinen Vordermann der Prozesskette involvieren muss. Und zwar nur dann, wenn zur Leistungserstellung der Vordermann auch gebraucht wird. Das ist Wertschöpfung!

Kleine Ursachen – große Auswirkungen

Foto: thadman

Anspruchsvoll sind wir alle geworden, wir Kunden. TQM und JIT, Garantie und Kulanz, Wettbewerb und Alternativofferten haben uns verwöhnt, übermütig gemacht. Wir verlangen oft selbstverständlich das Unmögliche: „Andere können´s ja – angeblich – auch!“ Und daher wird bei den Ansprüchen häufig maßlos übertrieben. Schwarz oder weiß. Rein oder raus. Entweder oder. Sich nach einem emotionalisierten Reklamationsgewitter so richtig auf Kosten des Lieferanten verwöhnen zu lassen, ist eine infame Art, das moderne Service-Wellness-Angebot zu genießen.

Dass der Verkäufer in der entscheidenden Abschlussphase seiner Verkaufsverhandlungen auf die rosa Tube drückt, ist menschlich oft verständlich, sachlich aber stets falsch. Übertriebene Erwartungen kosten unverzichtbar Geld, meistens auch Image. Die Story von den Chancen, die in der Reklamation stecken, ist ein alter Hut. Kunden sind aber seltener loyal heutzutage...

Oft muss der Service das halten, was der Verkäufer (zuviel?) versprochen hat. Kundenpflege über alles. Dass der Service dann vor Ort sauer wird und auch auf den Kunden so wirkt, ist naheliegend. Aber eben auch sehr falsch. Was tun? Reden miteinander, und zwar vorher, d.h. früh im Kundenkontakt-Prozess. Vom Reden zur endgültigen Aussage kommen: was läuft wie und nicht anders. Das muss der Verkauf kommunizieren. Die Ausnahmen kommen ja sowieso noch „obendrauf“.

Die großzügige Ansicht/Aussicht vieler Verkäufer unterstellt, dass der Service-Kollege, improvisationsstark, wie er nun mal ist, die kleinen Probleme in der Praxis schon irgendwie lösen wird.

Aber häufig sind es gerade die Kleinigkeiten, die den Kunden besonders verärgern:

- Teure Produkte mit billigen, aber funktionswichtigen Bestandteilen, die kaputt gehen
- Reparaturen mit den gleichen Falschteilen, die vorher die Probleme verursacht haben („einmal wie gehabt...“)

- Ausfall komplexer Produkte wegen Cent-Artikeln, die die Wertanalysten für ausreichend hielten
- Zuständigkeitsgerangel und Schuldzuweisungen, weil keiner die Verantwortung übernehmen will
- Inhaltlich und formal unzureichende, unprofessionelle Kunden-Behandlung, wenn's irgendwo wieder mal nicht klappt
- Mangelhafte Verantwortungsübernahme-Klarheit und Fehlerbeseitigung und ungenügender Lernprozess aus den Fehlern
- Reparatur-/Korrektur-Berechnungen, bei denen der Kunde endgültig sauer wird, weil sie ihm mangels vorheriger Vor-Ort-Erläuterung nicht plausibel erscheinen
- Juristischer Zahlungs-Eintreibungsdruck, der den Kunden vielleicht formell in die Knie zwingt, de facto aber zum wirksamen Sprachrohr unserer „Kompetenz" werden lässt (Rache ist ein gefährliches Motiv)

Prüfen wir doch mal nach, wie häufig, aufwändig, heimlich Produktkorrekturen auch im Unternehmen Zeit, Geld, Akzeptanz und Motivation kosten. Das rechnet keiner so richtig nach. Sonst würde der Unsinn offenbarer und vermutlich seltener.

Quality Audits nicht nur in objektiver (=> Ergebnisse) sondern auch in subjektiver (=> Erlebnisse) Hinsicht machen Sinn. Wenn der Service seltener vermeidbare Fehler beheben müsste, dann wäre auch der permanente Frust, intern nicht gehört zu werden, vermeidbar.

Fortschrittliche Unternehmen erfüllen die alte Forderung „Qualitätsförderung durch Dialog mit den Praktikern des Service" frühzeitig und sehr pragmatisch. Prozess-Sicherheit und Produktqualität, Kosteneinsparungen und Kundenzufriedenheit kommen dabei heraus.

Migrationsprobleme gehen uns alle an...

„Chef, Chef!" rief der frischgebackene IT-Projektleiter Volker Vollgas stolz seinem Bereichsleiter Wilhelm Wieimmer entgegen: „wir haben über 100.000 Kundendatensätze mit über 600.000 Kontakten ins neue System gerettet. Dazu 110.000 Teilenummern und 250.000 Lagerpositionen!".

„Ja, Herr Vollgas, ich bin ja auch stolz auf Sie!" entgegnete Willi wie sonst auch immer pauschal, ohne einen Datensatz gesehen zu haben. Er vertraut seinem Team voll und ganz.

Volker als relationaler Mausprofi ist ja schließlich auch bekannt dafür, dass er alles rettet. Egal, ob es einer braucht oder nicht. Traceability ist wichtig, hat er mal gelesen. Also alles aufheben – das nun schon erfolgreich rüber in die vierte Windows-Generation.

Alle Fachverantwortlichen sind ihm dankbar: keine Inventur nötig, keine Teilepreisüberarbeitung nötig, keine Kundenadressen-Requalifizierung nötig, keine Historien-Filterung nötig, keine Samstagsarbeit nötig. Die IT macht das schon. Konvertierungsprofis eben.

„Volker, du Volltrottel!", schimpft zwei Wochen nach Golive des neuen Systems Hansjörg Haarscharf. Er war der erste, der mal richtig auf den Inhalt guckte: Rechnungspositionen ohne Rechnungsköpfe, Bestandsdatensätze ohne Artikelnummer, ein siebenfach hinterlegter Adalbert Schmidt, Seriennummern mit willkürlichen Leerstellen, Teilepreise ohne Währungskennzeichen, Faxnummern, die „dito" heißen, Artikelersetzungen ohne Nachfolger und sogar Kontakttermine für 2011 mit Kunden, die gemäß Datenbankstatus schon tot sind. Hochperformanter Datenmüll, jetzt noch schneller und bunter!

Zusammen gehen sie zu Pietro Peperoni und holen sich Rat bei einer großen Pizza Quattro Migrazione und überlegen, woran man wirklich einen guten Systemwechsel ausmacht. Am Ende sind die Teller leer und die Servietten voll:

1. Lochprüfung: jedes Stahlblech wird auf Risse und Löcher untersucht – das Gleiche sollte Dateien und Datenbanken gegönnt werden, wenn sie nach jahrelanger Schlupflochpflege nun doch etwas Emmentaler-like aussehen: Rohdateien rauf und runter durchkämmen, fehlende oder kaputte Daten rausschneiden bzw. mit plausiblen Inhalten ersetzen
2. Baumprüfung: Blätter ohne Zweige wachsen nicht, genauso wenig Zweige ohne Äste oder Äste ohne Stamm. Also wie die Gärtner im Herbst: alle Daten ab, die keinen festen Platz mehr haben und nicht mehr anwachsen werden
3. Deutschprüfung: die wenigsten Datenbestände bestehen den System-Hürdenlauf zwischen UNIX-, AS400-, Mainframe-, Windows- oder ASCii-Systemumgebungen ohne Schäden – beim Ein- und Auslesen wird leicht mal ein Außenspiegel zum Auàspiegel, obwohl der auch nicht schärfer ist als sein Kollege mit neuer Teilenummer
4. Plausibilitätsprüfung: alles in Frage stellen und alles querchecken: Ist die Summe aller Lagerpositionen genau so viel wert wie die Summe aller Artikel? Gibt es zu jeder Gutschrift auch Positionen? Haben die Bestände auch das richtige Systemdatum? Sind alle Kommissionierungen gebucht worden? Hat die Buchhaltung die gleiche Anzahl Zeilen verarbeitet wie die Warenwirtschaft? Jeder TÜV-Pedant soll neidisch werden auf das, was wir hier alles finden!

Diese Übungen sind zwar IT-lastig, aber nicht IT pur. Zur Reparatur unplausibler Teilinformationen sind die Fachabteilungen unersetzlich! Und nur gemeinsames Hinlangen bringt den gemeinsamen Erfolg:

1. Vergangenheits-Verantwortung: keine Angst vor großen Datenmengen. Mit dem richtigen Blick und den richtigen Tools hat man ein paar Millionen Datensätze aus vielen Jahren Nachlässigkeit in ein paar Tagen wieder durchgestylt
2. Listen misten: kompakte Echtzeitinformationen am Bildschirm schlagen Ausgedrucktes. Aber nur dann, wenn die Leser umdenken! Also: die Manager in die Schulung, das Papier in die Kindergärten
3. Teamwork Today: Spaß haben an dem, was man wiederherstellt! Akribie und Phantasie liegen hier eng beieinander. Verarbeiten, prüfen und reparieren in Arbeitsteilung. „Issue Killer" heißen die Helden der Stunde
4. Mut für Morgen: verwerfen, verdichten, vereinfachen, verabschieden. Alte Logiken neu hinterfragen. Vielleicht gab's damals nur Tabellen statt Datenbanken

Wilhelm Wieimmer spendierte vier Willys und hatte dazugelernt: quattro migrazione geht uns alle an! Und Pietro brachte die Rechnung mit 20% Rabatt: -1% MwSt. O Panne di Parametri! Ciao.

Modulare Serviceleistungen - Flop oder Hit?

Das waren noch Zeiten, als es für Produkte feste Preislisten gab, die jeder akzeptierte. Und als jede Kundendienst-Leistung gemäß Rapport und Ersatzteil-Preisliste eindeutig abgerechnet und anstandslos bezahlt wurde. Schauen wir nach vorne...

Unsere Kollegen des Verkaufs sind längst den Kummer um ertragreiches Kalkulieren gewöhnt. Sie sind vielfach zu Opfern der raffinierten Einkäufer-Verhandlungstechniken im harten Verdrängungswettbewerb geworden. Die Lieferantenzertifizierung (von Einkäufern seinerzeit in die Welt gesetzt!) war und blieb dabei eine willkommene Unterstützung. Resultat: sehr oft wird beim Produktverkauf Geld gewechselt oder gar draufgelegt. Der Service soll's dann im After-Market-Geschäft wieder reinholen. Toll!

Pardon: warum heißt das Geschäft eigentlich „After"-Markt. Wer sind denn da die A....?

Service-Leistungen schier endlos aufgeschlüsselt dokumentieren! Das verlangen die Einkäufer und die Rechnungsprüfer, weil ihnen das Verhandlungsspielräume für das Durchdrücken von Preisminderungen bringt. „Kleinvieh macht guten Mist". Man verzichtet dann oft notgedrungen auf Teilleistungs-Bezahlungen, beim nächsten Mal werden sie entweder gar nicht mehr angeboten oder wegen Ärger-Vermeidung kostenlos kulant mitgemacht. Aber die Service-Kapazität soll für den Bedarfsfall dennoch stets parat stehen. Das haut kalkulatorisch nicht hin, wenn wir feste Service-Pakete definiert haben. Also modulare Services anbieten und additiv kalkulieren und berechnen? Warum nicht? Fortschrittliche Unternehmen machen das längst. VIP-Kunden verlangen das. Die IT gibt uns dazu wesentliche Unterstützungen.

Wir können dem Kunden so das an Service anbieten, liefern und berechnen, was er braucht. Wir können ihm beim Service-Einsatz Zusatzleistungen schmackhaft machen und verkaufen (wenn wir das beherrschen). Wir können so jedem Kunden den für ihn spezifisch passenden Nutzen stiften. Mit offensivem Service-Marketing sollten wir aus der Not eine Tugend machen, aus der frustrierenden Reaktion eine gezielte Aktion.

Die Unternehmen, die den gesamten Service in eine eigene oder fremde Organisation ausgelagert haben, betreiben solche Prozesse mit Businessplan-Konsequenz. Gar nicht dumm! Die Praxis zeigt: es kommt nicht auf das OB, sondern auf das WIE an.

Service-Leiter sind Realisten. Nach der klugen Selbsterkenntnis „nur Starke erkennen ihre Schwächen" verlangen sie mit Nachdruck konstruktive Service-Marketing-Unterstützung von dem Bereich Marketing und von dessen Agenturen, statt sich selbst mühevoll (und letztlich doch oft hilflos) Aktionen zu basteln. Bei der Beurteilung von Vorschlägen besitzen sie die Souveränität des (internen) Kunden, der bei der Entscheidungsfindung sein „goldenes Kompetenz-Händchen" wirkungsvoller einsetzten kann als beim erwähnten Basteln (...und ggf. Kritik-dafür-einstecken). Der Service gehört zum Produkt wie das Dotter zum Ei. Beides zusammen als „Paket mit Varianten" verkaufen – das ist die Herausforderung an das „Team" Verkauf + Service. Ist es denn ein Team? Könnte man per „Wiedervereinigung" eins entstehen lassen, indem man als Service-Manager und nicht als Service-Operator auftritt? Gute Beispiele verderben doch schlechte Sitten. Die Hoffnung stirbt zuletzt...

Ohne Teamgeist kein Erfolgserlebnis

Foto: Shandchem

Wir leben im Zeitalter der Hard Facts. Alles will man „data based“ und „online controlled“. Dabei gewöhnen wir uns fast automatisch an die modischen Amerikanismen und vergessen unser – trotz Rechtschreibreform recht bewährtes – Deutsch. Was steckt denn eigentlich dahinter?

Warum tun wir uns so schwer im echten Zusammen-Arbeiten? Wo liegen Positions- und Interessengegensätze?

- Inzwischen hat wohl jeder erkannt, dass im Service Geld zu verdienen ist. Also will jeder, dass das verdiente Geld seinen Verdiensten zugeschrieben wird.
- Auch weiß heute jeder, dass der Service für die Kundenbindung bzw. Kundentreue häufig die entscheidende Funktion ist. Wer schreibt sich das nicht gerne auf seine Fahne?
- Auch der Vertrieb weiß inzwischen, dass der Service kein lästiges Anhängsel, sondern ein kooperativer Erfolgsbringer ist. Wer kommt auf wen zu?
- Dass im Teilegeschäft (Aftermarket) oft gutes Geschäftspotential „ruht“, bringt auch die Kreativen auf den Plan. Sie sichern vermehrt im „man-sollte-Stil“ ihr internes Ansehen auf Basis von Ideenkonzepten ohne reale Bodenhaftung.
- Schließlich - und jetzt trifft's das obige Thema direkt - ist nicht einer oder der andere, sondern einer und der andere erfolgsverantwortlich und somit erfolgsbeteiligt. Teamwork!
- Vernetztes Operieren ist angesagt, gesamt-konzeptionelles Vorgehen. Das fordert das Einreißen alter Abteilungsphantasien (Abteilung heißt/hieß ja eigentlich Ab-Teilung!) und das „Ziehen an einem Strick“.

Der Versuch mancher Gestrigen, diesem Trend mit Abteilungsegoismus zu entkommen, führt zu Bereichsstatistiken, Selbstbelobigungen (z. B. durch falsch angelegte Kundenzufriedenheits-Befragungen), inkompatiblen Systemen, Politik mit der Information, Intrige. Das kann's nicht sein!

Die Lebenserfahrung auch in anonymen Institutionen zeigt, dass am Anfang größerer Projekte Menschen stehen, die sich verständigen und somit verstehen, die ein gemeinsames Ziel finden und definieren und die dann - jeder gemäß Können und Wollen unterschiedlich intensiv und effektiv - an der Realisierung eines Zieles mitarbeiten. Die Praxis lehrt aber auch, dass es so reibungslos nicht läuft: Teams müssen orientiert, geführt, manchmal gelenkt, zuweilen auch in Richtung gezwungen werden. „Auf jedem Schiff, das schwimmt und segelt, braucht's einen, der die Sache regelt..." Team-Steuerung!

Koordination im wörtlichen Sinne des gemeinsamen Ordnens ist die Zauberformel: unterschiedlich orientierte, veranlagte, engagierte, motivierte Mitarbeiter per Teamgeist auf den gemeinsam zu erbringenden Erfolg einschwören! Der Mannschaftssport mit seinen Höhen und Tiefen zeigt, was (nicht) geht und wie es geht.

Bereichsintern packen wir das alle recht gut an, beispielsweise durch solide Zielvereinbarungsgespräche und durch konsequente aber doch faire Controlling-Mechanismen.

Im Zusammenwirken unterschiedlicher Bereiche sieht's oft weniger gut aus. Was tun?

- Erstens: reden untereinander
- Zweitens: reden miteinander
- Drittens: Workshopping
- Viertens: strategische Allianzen

Sie sehen's sofort: Beide Dimensionen, die persönliche wie die sachliche, sind nötig, dann steigert der Teamgeist den Erfolg. Und nichts motiviert bekanntlich mehr zum Teamworking als der gemeinsam erlebte Erfolg, das gemeinsam erreichte Erfolgserlebnis.

Die letzlich optimale „Community-Struktur" entsteht durch Kombination vier unterschiedlicher Veranlagungen, nämlich kommunikatorische Kompetenz, fachlich-inhaltliche Kompetenz, methodische Kompetenz, kollegiale Kompetenz / Atmosphäre.

Ohne Netz doppelt bodenlos?

Foto: robertlafond2009

Badge Engineering macht vor der Globalisierung nicht halt. Spätestens seit dem Porsche Cayenne wissen wir: nicht überall, wo Germany draufsteht ist auch durch und durch Germany drin (Karosserien aus Bratislava rosten schließlich auch nicht schneller). Dem Emotionskunden ist's egal: am liebsten richtig turbo und teuer. Der kauft bestimmt auch Premium-Schaumwein der Sorte Veuve Glykol, selbst wenn's bei NEUDI den gleichen Inhalt für die Hälfte gäbe.

Badge Servicing wird genauso global. Anlagen in Australien, Maschinen in Mexiko oder Vertriebsoffensiven in Vietnam wollen schließlich durch einen professionellen After Sales unterstützt werden.

Funktionierende (ergo durch eine ausreichend hohe Fallzahl gut eingespielte) Serviceprozesse brauchen

- Kulturelle und infrastrukturelle Vor-Ort-Kenntnisse
- Angepasste Kundenkommunikation
- Schnelle und transparente Reaktion
- Realistisches Reparatur- oder Alternativen-Gespür
- Verlässliche Backoffice- und Logistiklösungen

Mit einer allzu schwäbischen „Mir-machet–lieber-älles-selber"-Organisation kann insbesondere der Mittelstand hier sehr schnell am Ende seiner (finanziellen) Möglichkeiten sein: Hanoi! Ha was dann? Partner suchen! An jedem Point of Service einen anderen? Hanoi! Einen ja. Aber bitte möglichst gleichartige, die sich auch effizient steuern, betreuen und verfolgen lassen. Am besten wenige Ansprechpartner, die ihrerseits als Multiplikatoren dienen. Servicewirtschaftsraumkonzepte sozusagen.

Das Ziel klingt gut. Wie kommen wir zur Lösung?

1. Festlegung Make or buy: Sind unsere Service-Kontakte essentiell für Folgeaufträge? Genauer genommen durch technisch oder menschlich perfekte Betreuung? Blockieren wir Key-Mitarbeiter durch mitunter monatelanges Pseudo-Wartungs-Feintuning beim Kunden (z.B.durch verzögerte Freigaben und bewusste Zahlungs-Schiebungen)? Haben wir ausreichend Servicefälle, die eine unserem Qualitätsanspruch entsprechende Infrastruktur rechtfertigen?

Gibt es externe Profis, die uns das gut und gerne abnehmen könnten? Verlieren wir nicht wichtige Kunden-Impulse, die wir als Entwicklungs-Feedback für die Nachfolgeserie brauchen? Lassen sich die Konsequenzen kurz- und langfristig monetär bewerten?

2. Wenn buy, dann mit Struktur: Standards heißen die Serviceanforderungen im Autohandel, Service level agreements (SLA's) in der IT-Industrie. Vom Vertrieb ausgelöste Erwartungen müssen hier erfüllt werden. Eine ausgewogene Leistungs- und Verantwortungsdefinition im Sinne des Kunden, des Geldbeutels und auch der EU-Wettbewerbshüter!) bedeutet zwar anfänglich u.U. zähe Verhandlungen, gestaltet aber den täglichen Betrieb umso geregelter.

Unsere Kompetenzen optimal ergänzendes Service-Providing:
- Kundenauskunft
- Beschwerdemanagement
- Pannendienst
- Auftragsverwaltung
- Nachbau/Sonderanfertigungen
- Ersatzteilmanagement
- Lagerhaltung
- Logistik
- Technische Auskunft
- Wartung/Instandhaltung
- Garantiebearbeitung
- Reparatur- und Wartungsverträge
- Versicherungen
- Finanzierungsdienstleistungen
- IT
- Servicemarketing

Vorsicht: für viele dieser Prozesse wird unser Kunde uns kennen und schätzen. Hier sollte ein evtl. outgesourcter Ersatz mindestens genauso gut sein, um keine langfristigen Imageschäden zu hinterlassen. Der Kunde fordert eine 100%ige Identifikation mit der vertretenen Marke/Unternehmung, der Auftraggeber fordert eine 100%ige Integrität und nicht Know how-Absorption bis hin zu anschließender Erpressbarkeit.

3. Kooperation mit Gleichgesinnten: Service Bundling. Zur Teilung hoher Investitionen in Fachkräfte, Prüf- und Reparaturequipment sowie flächendeckender Organisation kann es sich anbieten, mit nicht im Wettbewerb stehenden, aber technisch und kundenstrukturell verwandten Branchen und Firmen Partnerschaften einzugehen (Vorsicht in High-tech-Branchen: hier kann die Technologieführerschaft oder die Glaubwürdigkeit leiden...)

Warum nicht dort, wo die Technik dezentral beherrschbar und der Kunde froh über konstante und bekannte Ansprechpartner ist, einen „Triple Service" einrichten: der Multi-Service-Mann mit drei Mützen auf dem Armaturenbrett seines Servicemobils: rot für die Heizung, grün für die Waschmaschine oder blau für den Kühlschrank...

Internet statt Human-Interaktion?

Täglich sind wir aufs Neue verblüfft, was das Internet kann und was wir per Internet können. Die Technik-Euphorie hat uns erfasst. Der Dialog von Maschine zu Maschine funktioniert ja auch oft sicherer, flexibler, problemloser, richtiger, kostengünstiger als der menschliche Dialog. Häufig ist er auch besser und einfacher reparierbar als der gestörte zwischenmenschliche Kontakt. Das Ganze hat nur einen Haken: auch das klügste Expertensystem kann niemals klüger sein als die Experten dahinter.

Jetzt hört man in der Service-Leitung schon die Fortschrittsbremser tönen: „ohne die zwischenmenschliche Erfahrung der Menschen im Service läuft eben doch nichts." Das geht gewiss zu weit: den goldenen Mittelweg finden und verfolgen – das ist die Aufgabe, die sich vielen Service-Verantwortlichen stellt.

Wir alle haben doch vor einigen Jahren erlebt, wie die EDV mehr und mehr eingeführt und ausgebreitet wurde: häufig war für sehr teures Geld der Effekt nachhaltig verschlechtert, mindestens ebenso häufig haben sinnvolle Konstruktionen, Applikationen und Instruktionen sehr gute Ergebnisse gezeitigt. „Es liegt eben nicht am Messer, ob wir damit einen Freund erstechen oder Honig aufs Brot streichen."

Kürzlich wurden in einem Workshop folgende „zehn gute Regeln" diskutiert und definiert. Sie könnten unser Denken und Handeln ganz vernünftig beeinflussen:

Regel 1	Frühes Informieren, was wann wie wirklich funktioniert („Was können welche Systeme heute schon?").
Regel 2	Aufmerksames Beobachten, wer wo welche Erfahrungen mit neuen Systemen macht („Benchmarking").
Regel 3	Hohe Sachkompetenz sicherstellen (je komplexer die Systeme, desto wichtiger - „Lehrgeld ist teures Geld")
Regel 4	Hohe Sozialkompetenz addieren, weil Menschen (seien sie Kunden, seien sie Service-Provider) in ihren Verhaltensweisen nachhaltig von gewachsenen Erfahrungen abgekoppelt und neu ausgerichtet werden müssen.
Regel 5	Hohe sehr pragmatische Controlling-Intensität vorsehen, damit „die neuen Spielzeuge" kein kostenfressendes Eigenleben bekommen.
Regel 6	Rücksicht auf die Branche und auf die Menschen in der Branche nehmen: was fürs Roboter-Geschäft richtig ist, kann fürs Heimwerker-Geschäft total falsch sein.
Regel 7	Oft ist bei Innovationen nichts so wichtig wie das Timing. Nicht selten fährt man mit dem Grundsatz gut: „don't bite first, better bite second ..."
Regel 8	Je mehr Menschen an Prozessen beteiligt sind, desto sinnvoller sind mechanische/elektronische Kommunikationen.
Regel 9	Je internationaler die Informationsvernetzungen sind, desto sinnvoller sind mechanische/elektronische Kommunikationen.
Regel 10	Je geheimer/vertraulicher zu übermittelnde Daten sind, desto wichtiger sind professionelle Verschlüsselungen (Hacker- und Virenschutz).

Wir können gespannt sein, wie sich Internet- und Teleservices weiterhin durchsetzen und wo sie ihre Grenzen finden werden. Bleiben wir aufmerksam am Ball.

Let's have a Service Joint!

Foto: randomduck

Der Service ist die Nabelschnur unseres Zukunftsgeschäfts - Outsourcing? Niemals?
Der Service ist das Damoklesschwert unserer Kalkulation - Outsourcing? Warum nicht?
Der Service ist unsere personalpolitische Achillesferse - Outsourcing? Wie denn?
Der Service ist die heilige Kuh von Herrn Oberwichtig - Outsourcing? Undenkbar!

Der Service birgt ein Management-Potenzial ersten Ranges.
Outsourcing kann die optimale Lösung sein ...
Also: Wie wäre es denn mit Joint Services?

Sie haben Know-how. Ihre Wettbewerber haben Know-how. Ihre Vor- und Nachlieferanten haben Know-how. Und jeder hegt und pflegt dazu seine eigenständige Organisation. Es kann ja auch gar nicht anders sein, weil ja unsere Anlagen, Maschinen, Geräte ... sooo individuell und anders sind, dass niemand außer uns damit zurecht kommen kann.

„Denkste", sagen die Berliner, „Hätt'ste wohl gerne" ...

Je mehr Standardsoftware die Anlagen enthalten, desto weniger ist das Wissensmonopol der Vergangenheit noch wert. Und umso sinnvoller ist die Kooperation / Fusion von Services und somit von Service-Organisationen - eine gute strategische Option?

Der total unkompliziert-direkt stattfindende Zusammenschluss der Großen und Größten dieser Welt zeigt uns aktuell doch sehr deutlich, dass nur strategisches Denken und Handeln die vielzitierten Quantensprünge bewirkt. Agieren können ist besser als Reagieren müssen!

Gesetzt den grausigen Fall, Ihre gesamte Service-Organisation flöge in die Luft. Wer könnte - Bedenken und Denksperren einmal unbeachtet - aus dem Stand heraus einspringen?

Vielleicht ist das Ihr erster potenzieller Joint Services-Partner? Nehmen Sie doch selbst die Initiative in die Hand und machen Sie sich zum Systemführer einer Joint Services-Organisation in Ihrer Branche, vielleicht sogar - in gewissen Grenzen - branchenübergreifend.

Dem Outsourcing der Funktionen folgt die Zusammenführung der Organisationen. Die Selektion der Qualifizierten und die Trennung von den ewig gestrigen Positionsmonopolisten ist dann die erfrischende Konsequenz – erfrischend für's Operations- und Kooperationsklima, genau so wie für die Leistungsfähigkeit und Kundenpflege; last but not least für die Kalkulation.

Evolutionen sind schön und gut. Aber sie genügen heutzutage oft nicht mehr. Revolutionen sind gefragt. Bleiben wir aber dennoch „auf dem Teppich":
Ist das hier Skizzierte denn wirklich noch revolutionär? Vielleicht gar nicht mal!

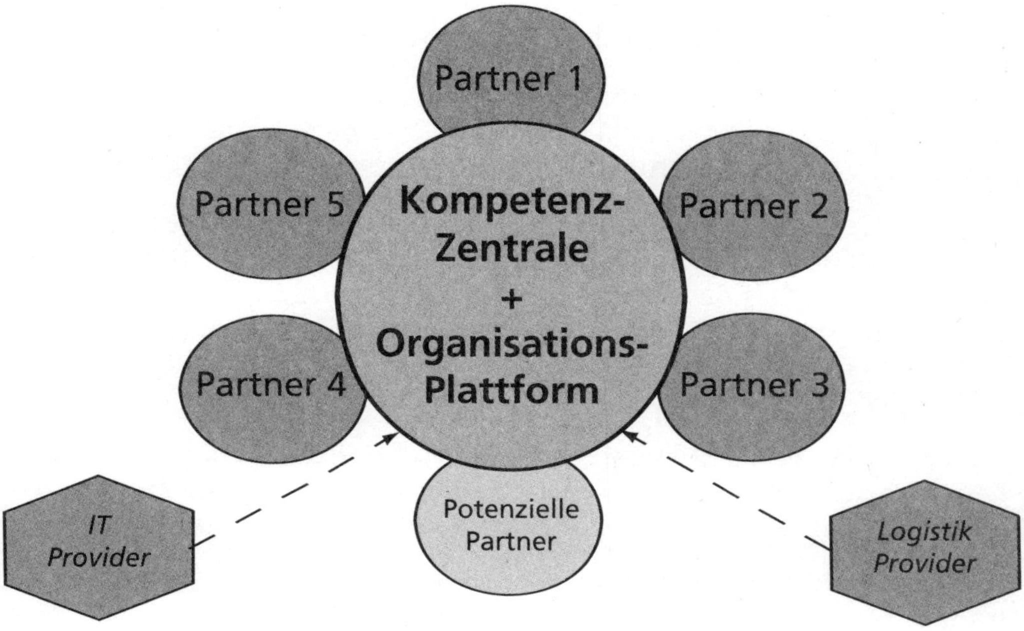

Markenwerte fallen nicht vom Himmel

Markenartikel wurden von Serviceprofis lange Zeit nicht gerade bewundernd ernst genommen. Man assoziierte damit Suppenwürfel oder Schuhcreme oder Staubsauger. Man sah in diesen „einfachen" Produkten kein Servicepotential und nahm sie häufig von oben herab zur Kenntnis.

Markenartikel sind markante Artikel, unabhängig vom Preisniveau: Produkte, Dienstleistungen und Systeme, die sich profiliert vom jeweiligen Wettbewerb abheben. Dass der Aufbau und Ausbau von starken Marken im Zeitalter homogener Technologien und brutaler Preiskämpfe nicht einfach und extrem teuer ist, erleben wir permanent.

Wenn man kritisch in die Märkte schaut, dann sieht man die Sieger als strategisch überlegene, innovativ agile, produktionstechnisch perfektionierte, logistisch flexible und vor allem kommunikatorisch kreative Unternehmen. Systeme haben Produkte überholt. Und Systeme sind heutzutage (und tendenziell morgenzutage noch mehr!) Kombinationen von Produkten und Dienstleistungen, die Kunden-Bedürfnisbefriedigung als Hauptmaßstab des Erfolges anerkennen. Also ist/wird die Markenpolitik auch für den Bereich Service hochinteressant.

Für die Entwicklung und Pflege von Markenwerten werden immense Beträge investiert: Public Relations, Produkt-Publizität und –Platzierung, Werbung, Verkaufsförderung ... und vermehrt auch die Service-Qualität.

Die vielzitierte Servicewüste Deutschland wird zusehends kultiviert und fruchtbar! Erlebnisqualität findet und bindet Kunden, last but not least die Erlebnisqualität des Service. Das Prinzip „Service ist Reparatureinsatz auf Anforderung" erscheint uns schon geradezu steinzeitlich. Was denken wir uns alles aus, um den Kunden zu begeistern! Wirklich? Tun wir's oder reden wir nur darüber?

Markenwerte sind Entscheidungshelfer für Neukäufer, Identifikationshelfer für Stammkunden, Konfliktbewältigungshelfer für die Kunden, die noch nicht mit dem Bündel unserer Leistungen zufrieden sind.

Sollte man nicht die Markenwerte auch auf die Leistung „Service" übertragen? Das heißt, Serviceverhalten (menschliche Komponente) individualisieren und das Serviceverfahren (organisatorische Komponente) optimieren. Nur so läßt sich eine Kunden- und Qualitäts–orientierte Marken-Servicekonzeption zur Differenzierung gegenüber dem Wettbewerb verwirklichen. Nur so werden wir zum verlässlichen Partner hinsichtlich unserer Produkte und unserer Services.

Markenwerte werden erlebt, gefühlt, geglaubt, erfahren, bestätigt. Das Unterbewusste überwiegt meistens die Bedeutung des Bewussten. Vertrauen bindet, Image prägt sich aus, Partnerschafts-Identifikation stabilisiert das Geschäft, Markentreue sichert die Zukunft.

Wie „markant" wird denn Ihr Service erlebt? Wissen Sie's? Erfahren Sie's? (gewiss nicht mittels der üblichen Kundenzufriedenheits-Fragebogen-Aktionen!) Verinnerlichen es Ihre Mitarbeiter, wie unglaublich wichtig neben dem Service-Ergebnis das Service-Erlebnis ist? Vielleicht ist Ihr Unternehmen eine der (wenigen) positiven Ausnahmen – dann Ihnen ganz herzlichen Glückwunsch! (Sonst wäre ja die Phase des Wiederaufschwungs nach der grossen Krise ein schöner Anlass zur Innovation der Service-Mentalität!). Ihnen wünschen wir Service-begeisterte Kunden. Dann haben Sie, lieber Leser, und sie (nämlich die Kunden) die Zeichen der Zeit erkannt und genutzt.

Hier ein Schema-Beispiel „Markenwerte Service“:

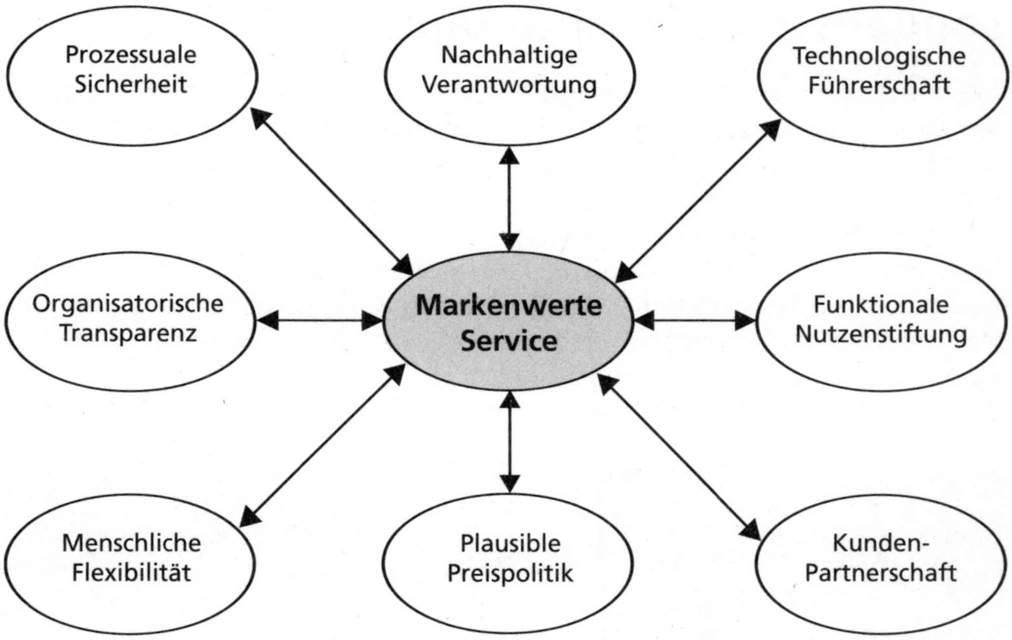

Nicht das Erzählte reicht, sondern das Erreichte zählt!

Beim Benchmarking wird oft gelogen, dass „sich die Balken biegen". Anglerlatein in eidesstattlicher Aufmachung! Die harten Fakten werden meistens nicht offengelegt, dafür werden die Softfacts idealisiert und maßlos übertrieben. Garniert wird das Ganze mit abstrahierten „Tugenden" aus Märkten, die sich nicht ernsthaft vergleichen und in unserem Markt vielleicht nicht kalkulieren lassen. Managementsymposien oder Erfa-Gruppen – wer gibt schon wirklich gutes Wissen preis? Wettbewerb ist Powerplay. Irritation gehört zum Geschäft. Wem das Erzählte reicht, der ist selber schuld ...
Ganz allgemein: keiner lässt sich gerne in seine Karten gucken.

Foto: DRB62

Also – was tun? „Kopf in den Sand, weiter wie bisher, Konzentration auf's eigene Potenzial"? Angebote: „me too"? Da spielt der Markt nicht mit.

Kundenorientierung ist die Zauberformel unserer Zeit. Das heißt aber nicht, gleiche Leistungen wie bisher bieten und was dazulegen (Kulanzen, Rabatte, Geschenke ...), sondern den Dialog mit den wichtigsten, meinungsbildenden, umsatzstarken Kunden suchen und pflegen, das Ohr auf die Schiene legen – ggf. neutral durch Einsatz kompetenter Berater. Vielleicht erfährt der Dritte mehr.

Wir wissen, dass weder Produktmanagement noch Servicemanagement, weder gelegentlicher Geschäftsleitungskontakt noch Außendienstberichte so gut und offen an den Kunden herankommen, dass er uns wirklich brauchbare „Navigationsimpulse" für alleinstellende Innovationen gibt. Das sogenannte kooperative Engineering, wie es von den überlebenden Automobilzulieferern praktiziert wird, kommt der Wunschvorstellung noch am nächsten.

Wenn das Erreichte zählt, dann müssen wir uns fit machen, das Erreichte der Wettbewerber frühzeitig, kompetent und relevant für unsere Innovationen, egal ob Produkte oder Dienstleistungen, zu erkennen und zu verwerten. Differenzierendes (nicht pauschales) Analysieren und Kombinieren sichert Wettbewerbsvergleichbarkeit und Wettbewerbseinblick. Und die vorher (anders) erwähnte Konzentration auf's eigene Potenzial (Kernkompetenzen) sichert uns dann den Wettbewerbsvorsprung. Motto: „Nicht nachmachen, sondern besser machen."

Elementares, modulares, differenzierendes Benchmarking ermöglicht auch den Blick über die Grenzen unseres Marktes hinaus. Warum soll der Heizungsbauer nicht vom Autovermieter lernen? Oder der Rechtsanwalt vom Softwareberater? Oder der deutsche Beamte von der freien Wirtschaft?

Professionelles Benchmarking schaut hinter die Kulissen. Die Frage heißt nicht: „Was ist?“, sondern „Wodurch ist was?“. Deduktive und induktive Abstraktion nennt's die Wissenschaft. Wichtig ist die Strukturübereinstimmung der für den Marktvorsprung wesentlichen strategischen Dimensionen. Dann wird Benchmarking nicht verkommen zu Spionage für's Plagiat-Angebot, sondern es wird sich als kreative Disziplin etablieren. Da sollte man mitmachen!

Performance sticht Macht

Foto: lilianabargu

Wie es einmal war: damals, Ende der 80er bei Y-Reisen. Wer hat nicht noch die zackigen Sprüche der Bundeswehr im Ohr: „ich zieh' Ihnen die Ohren lang, bis Sie damit fliegen können!" „Wer nicht freiwillig in den Schlamm springt, den zieh' ich mit dem Iltis durch!" „Stillgestanden! Und wer beim Erdbeben zittert, der muss zum Nachtmarsch, bis nichts mehr wackelt...".

Heute wahrscheinlich längst verboten, aber unter den Härtesten der Harten ein wahrscheinlich ganz normales Gebaren, fast wie im Tierreich. Welche Vorgesetzten waren damals eigentlich die Auffälligsten? Oft die Minuskumpel, Kotelettkinder, Nichtdazugehörer, Sichselbstwasbeweisenmüsser, die einfach Spaß gefunden hatten, von ihrer eigenen Begrenztheit abzulenken und andere zu schikanieren. Irgendwann rebellierten die Mannschaften und dachten sich, ganz konform zur zentralen Dienstvorschrift: denen zeigen wir's! Und so kam es: wir sangen lauter, marschierten länger, trampelten fester, putzten die Stiefel schwärzer, falteten die Hemden akkurater und bemalten die Fahrzeuge oliver. Erste Überholmanöver gab's dann beim 5000m-Lauf, beim Nachtschießen, auf der Hindernisbahn: alles, was objektiv und metrisch messbar war, wurde auf einmal nicht mehr von den Offizieren, sondern von den Mannschaften gewonnen. Performance stach Macht!

Wie es heute noch ist: Szenenwechsel. Ein mittelständischer Betrieb Ende der 2000er. Plumps, da fiel wieder eine Rezession vom Himmel. Genau nach Lehrbuch wie alle 7 Jahre, aber diesmal nun wirklich ganz unvorhersehbar. Also sollte man mal wieder an die Produktivität, da hat sich fast fünf Jahre lang eigentlich nichts verbessert. Marketing, Verkauf, After Sales, Logistik, IT, Rechnungswesen – alle sollten effizienter werden, besser zusammenarbeiten, Doppeltes gleich vermeiden, Unklares nicht mehr rückfragen müssen und Falsches nicht mehr vorkommen lassen.

Interdisziplinäre Projekte ziehen sich fortan durchs Unternehmen und werden doch mit etwas heterogener Begeisterung, sagen wir lieber mit einer bleiernen Gleichgültigkeit, verfolgt. Woran liegt's?

1. Fehlende Identifikation: Linien- gegen Matrixorganisation, Kostenstelle gegen Workflow, Budget hier gegen Ergebnis dort, Status gegen Output, Macht gegen Performance.

2. Fehlende Verantwortlichkeit: wer erntet die Lorbeeren eines Projekterfolges? Wer ist schuld, wenn etwas nicht klappt? Wie wird darauf reagiert? So lange es hier keine positiven Vorbilder oder Erfahrungen gibt, wird sich eine Ichmachmalliebernix-Stimmung breitmachen. Die eigene Passivität wird zum Schutz; nur nicht auffallen. So lange das Ichwarsabernicht-Management existiert, wird keiner der Mannschaft aus dem Schatten seiner „Offiziere" treten wollen.

3. Fehlende Entscheidungen: bleiben strategische Weichenstellungen offen, entsteht ein Operativ-Vakuum: denn alles hängt ja irgendwie miteinander zusammen. So warten alle erst einmal ab, um ja unten nichts zu tun, was oben später als kontraproduktiv gesehen werden könnte, falls sich der Wind doch noch dreht.

4. Fehlende Objektivität: fast wie die erwähnten Unteroffiziere verhalten sich viele Mittelmanager, die in harten Zeiten auf sich aufmerksam machen müssen. Leider oft nicht durch eigene Stärken, sondern durch die Schwächen anderer. Soll ja auch helfen, seine relative Wettbewerbsposition um die Karriere im Unternehmen zu verbessern. Die (vermuteten) Schwächen anderer werden mit Vorliebe per Gießkannen-Eskalation multipliziert; per e-Mail geht das auch noch herrlich schnell. „Ich wusste als Erster, was alles nicht tut! Die anderen sind schuld, deswegen konnte ich nicht so gut sein wie geplant...".

5. Fehlende Ursachenkenntnis: hat das einer überprüft? Stimmt diese Aussage denn auch? Ist nicht zwischen Messen und Meinen noch ein Unterschied? Stecken da vielleicht nicht mehrere Gründe dahinter? Werden hier Emotionen mit Fakten vertauscht? Will hier einer von anderen Dingen ablenken? Die Eskalations-Adressaten sollten sich solche Fragen stellen, um sicher zu wissen, was wirklich los ist.

6. Fehlende Transparenz: im Zweifel weiß die EDV viel mehr, durch ihre Strukturen fließen ja die Unternehmensprozesse. Man muss nur die Richtigen fragen. Ein Logfile sagt oft mehr aus als eine Krisensitzung unter Fachbereichs-Führungskräften.

Wie es in Zukunft sein sollte: wieder ein Mittelständler, gegen Anfang der 2010er. Jetzt gibt es Firmenlenker wie Tatort-Kommissare: sie können nicht nur induktiv kombinieren, wie es weiter gehen könnte, sondern auch deduktiv ermitteln, was wirklich los ist. Mit der Klarheit einer Datenbankabfrage trennen sie Fakten von Emotionen, technische Istzustände von ungeprüftem Geschwätz. Auf diesen Tatsachen fußen gecheckte, schnelle, eindeutige und somit tendenziell auch richtige Entscheidungen, die durch ein stringentes Projektmanagement zeitnah in Taten umgesetzt werden. Helden werden diejenigen, die etwas hinkriegen und nicht die, die schon immer etwas hatten oder waren. Performance sticht Macht!

Ohne Tabus an die Schwächen!

Projektmanagement – der Turbo des Service-Geschäfts?

Foto: Martin Pettitt

„Projektmanagement ist die pragmatische Diplomatie des Möglichen" – dieses Diskussions-Aperçu eines deutschen Top-Managers trifft ins Schwarze:

- Hinter hierarchischen Mauern verkriechen sich die Platzhalter – inflexibel wie üblich – unter Berufung auf Erfahrung und mit diffuser Hoffnung („so lief's immer, hoffentlich läuft's bald wieder").

- Die Zeit ist schuld, die Politik ist schuld, die Banken sind schuld, die Kunden sind schuld – nur wir sind nicht schuld. Wie schön! Und wie sinnlos!

- Umsatz- und Gewinneinbrüche lähmen ganze Branchen. Die Evolution versagt, ist die Revolution gefragt? Im Tun eher nein, weil in situativer Hektik zu viel kaputt gemacht wird. Im Denken ja, weil dann das Richtige konsequenter (nämlich strategisch) getan wird, das Riskante vermieden wird, das Falsche rascher annuliert wird.

- Der vor einiger Zeit hochgelobte Zertifizierungs-Perfektionismus hat starre Strukturen nur noch starrer gemacht und eher den Einkäufern als den Verkäufern genutzt. Okay, die wollen auch leben, aber wir wollen dabei nicht sterben. Wir müssen raus aus den Schemata, wir müssen die Fesseln der Routine sprengen!

- Also: umgehen wir die inflexible Hierarchie! Setzen wir Projektteams ein! Stellen wir alles auf den Kopf – Hauptsache, es bewegt sich was. Aktionismus als Gewissensdroge? Pragmatismus als Leitmotiv? Chancen und Gefahren liegen hier dicht beieinander.

- Erfolgreiche Projekte werden oft neben der starren Organisation platziert. Darin liegt ihre Chance: Zielgerichtet werden bestehende Kräfte für die Aufgabe eingesetzt, ohne dass die „Trägheit der archaischen Masse" bremst.

Projektmanagement hilft tatsächlich aus der Krise, wenn folgende „13 Spielregeln" beachtet werden (die Auflistung der genannten Erfolgsfaktoren entstammt einer jüngst durchgeführten Benchmarking/ Best-Practice-Analysis:

1. Projekte müssen in Prozesse passen

2. Projekte müssen Ziel-fokussiert sein

3. Projekte müssen realitätskonform laufen

4. Projekte müssen Innovativ-Potenzial haben

5. Projekte müssen plausibel Nutzen bringen

6. Projekte müssen eindeutig verantwortet werden

7. Projekte müssen in „verschworener" Motivation gewollt sein (Kommunikation!)

8. Projekte müssen in der Menschenkette aller Beteiligten durchgängig sein

9. Projekte müssen Erfolge dokumentieren

10. Projekte müssen sich „rechnen"

11. Projekte müssen die Markenwerte aktivieren

12. Projekte müssen Lernpotenzial für Prozess-Verbesserungen klarstellen

13. Projekte müssen die Diplomatie des Möglichen als Leitlinie aufweisen

Das ist alles nichts Neues, sondern eigentlich bewährtes Know how. Aber zwischen Kennen und Können, zwischen Wollen und Machen, zwischen Starten und Ankommen, zwischen Unterlassen und Unternehmen liegen die Unterschiede...

Schöne neue Service-Welt

Die Bedeutung des Servicegeschäfts als „zweites strategisches Standbein" erfolgreicher Unternehmen wird immer größer. Drei Gründe sprechen dafür:

Grund Nr.1: Während in der Erstausrüstung und im Neuproduktverkauf immer weniger verdient wird, sind Gewinnmargen von 10 bis 25 % im Service keine Seltenheit.

Grund Nr.2: Wenn Neuproduktumsätze zurückgehen, boomt in der Regel das Reparatur- und Ersatzteilgeschäft.

Grund Nr.3: Durch den Service behält man den unmittelbaren ständigen Kontakt zum Markt/zum Kunden.

So ist es nicht verwunderlich, dass führende Unternehmen ihr Servicegeschäft konsequent ausbauen. Nicht selten agieren sie als „hidden champions" und gewinnen dadurch „auf leisen Sohlen" Marktakzeptanz und somit Marktposition.

Während bei vielen Unternehmen immer noch gewachsene Strukturen und Organisationen einen schnellen Zugang zu dem profitablen Geschäftsfeld Service verhindern, schafft eine „echte Service-Kultur" der Führer und der Aufsteiger die Fakten für den Erfolg.

Zwei Dinge sind dabei maßgebend und Erfolgs-bestimmend:

Erstens: Eine klar definierte Service-Strategie

Sie zeigt den Weg. Verständlich, machbar, überzeugend.
Sie gibt Antwort auf fünf Schlüssel-Fragen:

1. Was will der Service-Kunde heute/morgen?
2. Was kann das Unternehmen besonders gut/besser?
3. Wofür wollen wir in Zukunft bezahlt werden und von wem?
4. Welchen „idealen" Service wollen wir zukünftig bieten?
5. Wie sichern wir die Umsetzung, organisatorisch, personell, budgetär?

Der Service wird als eigenständiges Geschäftsfeld entwickelt.

Zweitens: Gemeinsame Werte und Denkhaltungen

Weil jetzt alle Service-Mitarbeiter den Weg in die Zukunft kennen, entsteht eine Service-Kultur, die lebt. Eigene Ziele, innere Stärke, ein klares Konzept - all das schafft Profilierung und innere Stärke nach außen. Das Produkt- und Leistungsangebot ist attraktiv. Die Organisation ist kundenorientiert, flexibel und leistungsfähig. Innovatives Marketing schafft neue Potenziale. Die Konzentration der Kräfte auf das Wesentliche schafft Freiräume.

Auf einmal macht Service Spaß. Es entwickelt sich ein neues „Wir-Gefühl". Orientierung, Sicherheit, Motivation entstehen von selbst. Die Kunden spüren das. Vertrauen wächst. Erfolg wird stabil. Beinahe unglaublich, dass es so etwas heute noch gibt – „die Schöne neue Service-Welt".

Für einen Anfang ist es nie zu früh. Spätestens aber sollten Tatsachen wie stagnierende Umsätze, rückläufige Erträge, Schrumpfen der Kundenzufriedenheit, Verlust von Marktanteilen und intern zu lange Entscheidungsprozesse den Stein ins Rollen bringen.

Marktführer sind nur selten allein durch ihre Produkte überlegen – wohl aber durch guten Service: hier kauft der Kunde oft etwas, was er im Kaufmoment gar nicht sehen, sondern nur glauben kann. Die Glaubhaftigkeit wird somit zum strategischen Image-Faktor! Wer im Dienstleistungsmarkt erfolgreich sein will, muss sich faktisch profilieren. Die Umsetzung neuer Service-Ideen braucht ein umfassendes Programm, das alle Mitarbeiter einbindet. Und sie braucht Durchhaltevermögen.

Kaum zu glauben, dass sonst vergleichbare Unternehmen im Service völlig unterschiedliche Entwicklungen aufweisen. Auf der einen Seite steigert ein Unternehmen seinen Service-Umsatz jährlich um viele % und verdient dabei eine gute Umsatzrendite. Auf der anderen Seite kämpft ein Wettbewerber bei geringer Rendite mit Kapazitäts-Auslastungsproblemen. Was unterscheidet die beiden Unternehmen? Klare Ziele, einfache Strukturen und Abläufe, überzeugend konzipiert und kompromisslos umgesetzt.

Die überlegende Kompetenz und Motivation, die eine solche Service-Organisation hervorbringt und lebt, ist wahrscheinlich der wertvollste Wettbewerbsvorteil von allen – eine nachhaltig erfolgreiche Service-Kultur!

Eine integrale Service-Strategie bewirkt Profil und Profit

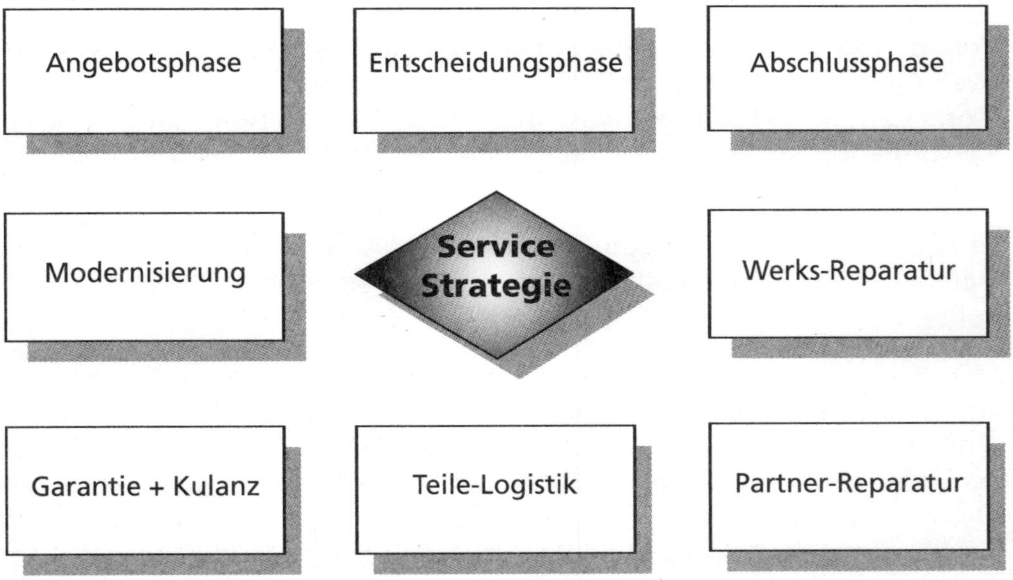

Shared Services Management statt Tool Collection

Im Urlaub stand Volker Stoll im Stau. Genau genommen vor`m Zoll, mit seiner Frau. Gelangweilt blätterten sie Fachzeitschriften, als es Volker plötzlich durchfuhr:

„Fully 24/7 permanent flat network enabler für nur 0 € im Monat" stand in großen Lettern auf der Beilage. Und das Up- und Downstream!

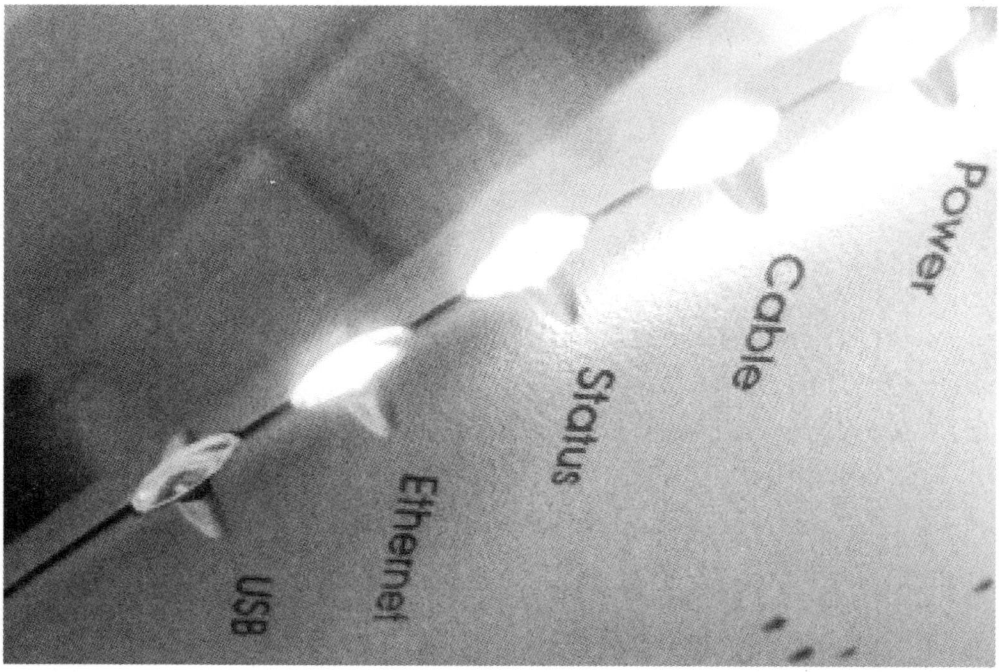

Foto: kainr

Toll, dachte Volker Stoll ganz hoffnungsvoll. Endlich ein Tool, dass seine Web Cross over Integration Cloud Platform mit dem Server Synchronization Center verbindet, was ihm eine Schnittstelle zum Konfig Performance Optimizer über den Switch Context Connector ermöglicht. Oder so ähnlich.

Er blickte wieder in den Stau und kam sich auf einmal vor wie ein Byte, das im Netzwerk nicht mehr wusste, wohin es eigentlich geroutet werden sollte.

Warum geht das heute alles so langsam? Was könnte man hier alles organisieren und optimieren? All' die PKW und LKW, Fußgänger und Anhänger, Inländer und Ausländer, Ein- und Ausfuhren etc. sah Volker symptomatisch für seinen Arbeitsplatz vor sich: als Serviceleiter einer Dienstleistungsgesellschaft war er immer mit einem Bein im Rechenzentrum. Kein Produkt, das nicht digitalisiert werden könnte, kein Arbeitsplatz, der noch ohne PC funktionieren würde. Was sind denn die Faktoren, die seine Organisation beeinflussen?

- Unterschiedliche Technologien
- Unterschiedliche Generationen
- Unterschiedliche Methoden
- Unterschiedliche Fallzahlen
- Unterschiedliche Komplexitäten
- Unterschiedliche Reifegrade

- Unterschiedliche Kundenwahrnehmungen
- Unterschiedliche interne Identifikationen
- Unterschiedliche Management-Attention
- Unterschiedliche Kosten-Nutzen-Relationen

Wie soll man diese Sammlung an Disziplinen denn lenken? Wie soll man den dazugehörigen Haufen an Tools und Töölchen am besten steuern? Jeden für sich? Alles zentral? Eigendynamisch bis chaotisch oder in einer Art „schwingenden Masse"? Modelle und schlaue Bücher hierzu gibt es genug, Bauchlandungen auch. So basteln wir uns eine pragmatische Faustformel:

- Möglichst gleichförmige und harmonische Prozesse für alle, also fast zentralistisch
- Möglichst eigenverantwortlich und reaktionsschnell, also fast dezentralistisch
- Möglichst durchgeplant und dokumentiert, also nach dem „Wasserfall"-Prinzip
- Möglichst flexibel und selbstlernend, also im Stil agiler Organisationen
- Möglichst von allem bisher Genannten etwas. Aber gerührt, nicht geschüttelt!

Viele kleine, schnelle, in sich stabile und gut aufeinander abgestimmte Organisations-„Quarks" müssten miteinander takten. Die Übergabeinformationen von einem Quark zum nächsten dürfen nicht zu groß werden. Sekretärinnen à la Loriot zu überladen ist genauso ineffizient wie Schnittstellendateien zu versenden, die so fett sind, dass die Verarbeitung länger braucht als der Frequenz-Zeitabstand Luft lässt, bis die nächste kommt. Da muss es unweigerlich plumps machen! Plumps macht es oft auch bei den Human Resources. Sind die Listen zu lang, die e-Mails zu viele, die Vorbereitungszeiten und die Lüste zu gering, werden aus Workshops schnell „Eigentlich-sollten-wir-mal-Sitzungen", bei denen jeder spürt, dass viel zu tun ist, aber am Ende wieder nichts heraus kommt.

Shared Services nennen IT-Unternehmen ihre Verantwortungsbereiche, die die Schnittstellen zwischen den Applikationen und Programmen, welche die jeweiligen Businessprozesse repräsentieren, aktiv managen:

- Sie begleiten Entwicklungen von der groben Lastenheftanforderung bis zum RZ-Betrieb
- Sie verstehen Verkäufer ebenso wie Monteure, Buchhalter oder Programmierer
- Sie vernetzen Informationen so gut, dass Rückfragen hinfällig werden
- Sie schärfen den Reifegrad ihrer Prozessorganisation selbst, in dem sie durch Monitoring der Prozesse nach und nach jeden Sonderfall erwischen und diesen eliminieren oder automatisieren

Möchten Sie auch lieber Quarks statt Pudding in Ihrer Organisation? Na, dann Ärmel hoch, wer krempelt mit...?

Service goes international – Hürdenlauf oder Schachpartie?

Das Bündel der nichttechnischen Leistungen wie Service, Beratung, Ersatzteillogistik, Dokumentation, Wartungsverträge etc. bildet schon seit langem einen wesentlichen Teil der Profilierung im Markt. Diese Feststellung zählt heute zu den Binsenwahrheiten, mit denen man keinen Preis mehr gewinnen kann. Dennoch müssen gerade kleine und mittelständische Anbieter immer wieder neue Hürden überspringen. Neue Märkte im Ausland haben sogar für eingespielte Teams ihre Tücken. Ein fiktives Beispiel soll diesen Gedanken verdeutlichen:

Die Wir-können-das-selber-machen-haben-aber-keine-Zeit-GmbH: ein Maschinenbauer aus dem Schwäbischen ist mit ca. 45 Mitarbeitern seit einigen Jahrzehnten im deutsch-sprachigen Markt erfolgreich. Das Produkt: Spezialwerkzeug für die Montage von Hochspannungsleitungen mit hohem Serviceaufwand. Man war bisher zufrieden und hat gesunde Erträge erwirtschaftet. Doch jetzt wird der heimische Markt spürbar enger. Die Strategie lautet: Internationale Märkte erschließen. Logisch!

Der Inhaber entscheidet also fest entschlossen und vergibt Aufgaben:

- Der altgediente Vertriebsleiter soll akquirieren
- Die zwei Projektingenieure sollen die Produktdokumentation auf den neuesten Stand bringen
- Der Servicechef und seine Techniker sollen Sprachkurse in Englisch und Französisch besuchen

„Nebenbei" läuft das Tagesgeschäft natürlich weiter!

Drei Wochen später...
Wie immer entstehen in der Anfangseuphorie schnelle Fortschritte: Der Vertriebsleiter hat „einen dicken Fisch" in Schottland an der Angel, die Projektingenieure migrieren gerade die Datenbanken mit Teilehistorien in ein „Zentralsystem" und die Servicemannschaft meldet sich geschlossen zum Fortgeschrittenenkurs „Technisches Englisch" an (Französisch wurde mangels Interesse schon gestrichen). Auch die Produktkataloge wurden von Internet-Übersetzungsbüros schon rohübersetzt – „da muss der Serviceleiter bei Gelegenheit dann noch mal kritisch drüberschauen..."

Drei Monate später...
Der schottische Fisch zappelt nicht mehr, die Teilehistorien sind extrem lückenhaft und der Sprachkurs wird nur noch von einem Mitarbeiter regelmäßig besucht. Der Umsatzanteil mit dem Ausland hat sich praktisch nicht verändert.

Was ist passiert?
Wenn wir die Perspektive eines potenziellen Kunden aus dem Ausland einnehmen, kommen wir der Frage vielleicht auf die Spur: Dieser Kunde hat zwei Probewerkzeuge zum Test geordert. Grundsätzlich verläuft der Einsatz zufriedenstellend, es tauchen jedoch einige Detailfragen auf, weil sich gewisse Normen doch unterscheiden und weil Verschleiß auftritt.

Problem 1: Die telefonische Betreuung ist dem Kunden unangenehm – rudimentäre Sprachkenntnisse frustrieren Anrufer und Betreuer

Problem 2: Die dringend benötigten Ersatzteile werden zwar mit einem renommierten Express-Versand geschickt, sind aber trotzdem zu spät beim Kunden

Problem 3: Es gibt keine brauchbare Dokumentation in der Sprache des Kunden

Problem 4: Bei unserem Unternehmen ist keine Euphorie mehr spürbar, vielmehr wird das Auslandgeschäft als lästige Zusatzaufgabe empfunden, der Kunde fühlt die Ablehnung

Dieses Beispiel ist hier natürlich drastisch überzeichnet, spiegelt aber typische Probleme wider. Der grundlegende Fehler steckt am Anfang. Statt gemeinsam mit kompetenten Partnern zusammen zu arbeiten wurde jeder Mitarbeiter alleine in den Hürdenlauf geschickt.

Beim Schach-Spiel führt die richtige Spielstrategie zum Erfolg. Hier ist aber nicht der Platz für unternehmensstrategische Untersuchungen. Aber: Auch der Praktiker kann vom Schach lernen. Jede der zahlreichen Figuren hat feste Aufgaben. Sie tut nur das für den Spieler, was sie am besten kann, nichts anderes („Kernkompetenzen"). Genauso gehen erfolgreiche Unternehmen in neue Märkte: Zug um Zug. Sie nutzen dabei vorhandene Kapazitäten.

Für jede Funktion im neuen Absatzland lassen sich geeignete Partner finden, die Ihre Aufgabe aus Erfahrung heraus beherrschen:

- König und Dame: Zentralkompetenzen, Steuerung und Know-how bleiben natürlich zu Hause
- Bauern und Springer: z.B. Handelsvertreter mit vorhandenem Kundenstamm und eigenen Servicekapazitäten
- Läufer: Servicespezialisten aus verwandten Branchen, die Sprachen und Wege kennen
- Türme: Eigene Niederlassungen (nur im fortgeschrittenem Stadium)
- Rochade: Joint Ventures, neue Dimensionen für die Kundenbetreuung?

Wie das Service-Netzwerk auch immer aussieht, die Kompetenz einheimischer Partner, die Sprache und Mentalität der Kunden beherrschen, sind unverzichtbar! Wer sind Ihre Partner?

Sind die Heutigen die Richtigen für morgen?

Adam soll zu Eva bei der Vertreibung aus dem Paradies gesagt haben: „Schätzchen, wir werden uns umstellen und anpassen müssen, es kommen dynamische Zeiten auf uns zu". Mancher Service-Verantwortungsträger steht heute ähnlich nackt da wie die beiden damals. Sie doch hoffentlich nicht!

Der Service ist von der „Reparatureinheit zur Geschäftseinheit" geworden und hat sich von der ausschließlich technischen/organisatorischen/logistischen zum vermehrt auch verkäuferischen und betriebswirtschaftlichen/strategischen Herausforderungsfeld entwickelt. Das veränderte konsequenterweise auch nachhaltig das Berufsbild der Verantwortungsträger im Service. Mancher Improvisations-Sieger von früher sieht sich heute schon als Performance-Verlierer im systemisch gewordenen Umfeld von (spätestens) morgen. Der Generationswechsel ist im Gang, der Qualifikationswechsel findet unübersehbar parallel statt. Dank zu erwarten macht wenig Sinn... Die folgenden zwölf Thesen auf Relevanz in Ihrem Unternehmen zu prüfen, macht vielleicht mehr Sinn:

1. Die Prognose der morgen in der Service-Geschäftseinheit des Unternehmens notwendigen und entsprechend gefragten Qualifikation ist der Schlüssel für den Personalbedarf (Entwicklung bzw. Rekrutierung). Der Soll-Mix von fachlichen, methodischen, sozialen und persönlichen Kompetenzen ist die strategische Basis vernünftigen Personalmanagements (➔ kompetente Strategie-Entwickler).

2. Schon bei Zielvereinbarungsgesprächen scheiden sich häufig die Geister: verbindliche Klarheit tut Not, Prozessmanagement bestimmt das Vorgehen und dessen Fraktionierung, Vergangenheits-bezogene psychologische Berührungsängste stehen der Effektivität entgegen (➔ kompetente Führungskräfte).

3. Der Versuch, auf dem Personalmarkt geeignete(re) Bewerber zu finden, ist oft die hilflose Flucht ins Ausweglose (sie sind häufig einfach nicht da, weil die Disziplin so jung ist), darum: Kompetenzentwicklung ist effizienter, intern plus ggf. extern (➔ kompetente Personalentwickler).

4. Personalmanagement birgt viel Subjektives. Objektivität gibt es nicht. In Zweifelsfällen hilft aber die Neutralität verantwortungsbewusster Kompetenz-Diagnostiker bzgl. vorhandener und potenzieller Zukunfts-Eignung (➔ erfahrene Personalbeurteiler).

5. Einzelleistungen sind gerade im Service selten. Team-Performance wird verlangt: über welche Kompetenzpotenziale verfügen Sie in Ihrem Unternehmen? Der neutrale Check-up („Competence Facing") legt Stärken und Schwächen auf (➔ versierte Team-Analyse-Spezialisten).

6. Personalmanagement ist im Alltag schwierig genug, imZukunftsbezug noch schwieriger: Wie gut können Sie Menschen an die Leistungs-, Verhaltens- und Erfolgsdimensionen ihrer Zukunft heranführen? (➔ neutrales Coaching).

7. Strukturveränderungen erfordern vielfältige Adaptionen. Vorher kommen aber Information, Instruktion und Motivation (➔ kompetente Instrukteure).

8. Der Wettbewerb ist hart. Die Guten werden umworben und abgeworben. Auf die professionelle Kombination zwischen Fordern und Fördern, zwischen Lenken und Lassen, kommt es permanent beim Führen an (➜ Persönliches Coaching).

9. Der Service gewinnt gegenüber den Produkten wegen deren Ähnlichkeit immer mehr an Bedeutung als „psychologischer Differenzierer". Das muss intern und extern kommuniziert werden. Gefragt ist deshalb soziale Kompetenz (➜ Service-Marketing).

10. Ablauforganisationen werden umstrukturiert, Menschen werden adaptiert: Die methodische Kompetenz wird wichtiger. Sonst werden Strukturen nicht gelebt (➜ Organisationsentwicklung).

11. Die fachliche Kompetenz wird zunehmend als selbstverständlich erwartet. Wer sie nicht nachweist, geht gleich „k.o.". Wie können wir sie auch für die Zukunft sicherstellen? Wie können wir das Lernen lernen und lehren? (➜ Personalentwicklung)

12. Letztlich und erfreulicherweise sind wir Menschen doch entscheidend: Wenn die Chemie passt und erhalten wird, dann sind Sympathie, Teamgeist und Motivation das beste Leistungsklima und der beste Beweis unserer Personalmanagement-Kompetenz. Sie bestätigt zu bekommen, ist eine der schönsten Erfolgserlebnisse für uns Führungskräfte (➜ Führungsentwicklung).

In Zeiten des Wandels werden die Karten des Marktes neu gemischt. Mischen Sie kräftig mit und lassen Sie sich ggf. dabei von externen Spezialisten der Personalentwicklung tatkräftig unterstützen. Es kommt darauf an, den Input sinnvoll zu zielen, um den Output erwartungsgerecht zu erzielen.

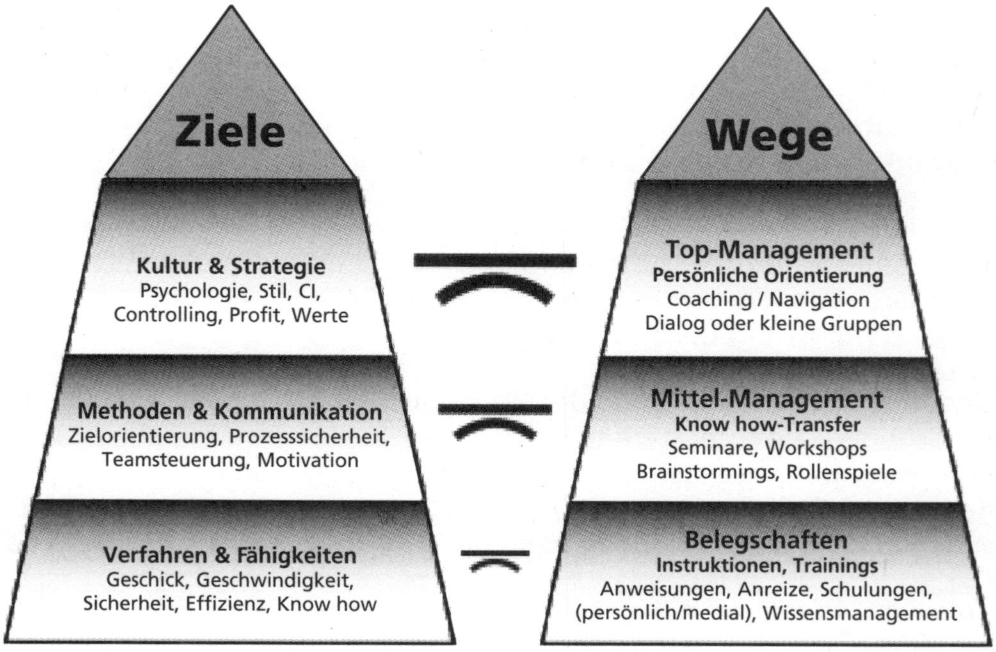

Servicekultur - Wunschdenken pur

Kaum ein Thema passt so gut in die Sonntagsreden der Manager wie die Servicekultur.
Vollmundig wird behauptet, der Kunde sei stets im Fokus all unseren Denkens, Fühlens, Tuns et cetera – denkste!

Foto: steveberardi

Der Alltag legt gnadenlos offen: die Wüste lebt, die Service-Wüste. Die in Deutschland. Die in unserem Unternehmen bzw. in unserem Service-Netz. „Zu wenig Leute, zu wenig Zeit, zu wenig Budget, zu uneinsichtige Partner und so weiter!" – Oder zu wenig Priorität? Zu wenig Phantasie? Zu wenig Durchsetzung?

Passt das zusammen mit der anderen Realität unseres Unternehmens-Auftretens, nämlich permanente Power im Pre-Sales-Bereich Marketing: hier werden die Aktionen gepusht, die Händler-Organisationen werden mit Events motiviert, die Endkunden werden mit Kampagnen und Promotions überschüttet. Dafür ist offensichtlich Geld da.

Dazu kommt permanente Power im Sales-Bereich: die Verkäufer werden mit Incentives geködert, die Kunden werden mit kostspieligen Offerten motiviert, Platzierungen werden mit Liebhaberpreisen (sog. WKZ) vergütet. Dafür ist offensichtlich Geld da.

Und hier die andere Seite der Medaille: Reklamationen bleiben im Dickicht der Callcenter stecken und werden – wenn unvermeidbar – bürokratisch begutachtet und abgelehnt oder „unter Verneinung jeglicher Rechtsansprüche ausnahmsweise/teilweise im Interesse weiterer Geschäftsverbindung" genehmigt. Dafür ist offensichtlich – viel zu wenig – Geld da.

Kulanzen werden vermehrtem Controlling unterworfen, dann aber letztlich doch willkürlich und praxisfern entschieden. Nur wer Druck macht, der kriegt was. Dafür ist offensichtlich – auch zu wenig – Geld da.

Sollten wir vom Service um die Verbesserung der Bedingungen kämpfen? Don Quichote lässt grüßen ... Gewöhn' dich an deinen Frust, der Kunde muss es ja auch. Muss er? Gelegentlich ja, generell nein. Seine Konsequenz ist die – meist ganz still – praktizierte Rache: „Andere Mütter haben auch schöne Töchter"...

Das Wunschdenken von der Servicekultur beruht auf mangelnder Konzeption und auf mangelhafter Kommunikation: wir wissen nicht, was wir wirklich bieten wollen und wie wir das dem Kunden geschickt kommunizieren. Und der Kunde weiß oft nicht, was er wirklich erwarten darf.

In fortschrittlichen Unternehmen werden klare Richtlinien definiert und intern kommuniziert, damit die kundennahen Funktionäre – seien sie im Service, seien sie im Vertrieb organisiert – direkt vor Ort kompetent, bedarfsnah und situationsgerecht entscheiden und den Kunden zufrieden stellen können. Die alte bürokratische Kultur „einreichen, begutachten lassen, Chef entscheiden lassen..." ist out, weil sie zu aufwendig, zu kundenunfreundlich und zu motivationshemmend ist/war. Zum Service-Marketing gehört auch die Kommunikation neuen Denkens, Dürfens, Sollens. Nur dann werden die Arbeiter im Service als Mitarbeiter fungieren. Sie werden mitwissen, mitdenken, mitwirken. Zum Wohl aller Beteiligten.

Verabschieden wir uns konsequent von dem Vorurteil, Service müsse immer nur Geld kosten.

Gewöhnen wir uns vermehrt an die Vorstellung, dass Service Geld bringt. Bieten wir dem Kunden Services an, die ihm echt dienen – also Dienstleistungen, für die er dann auch gutes Geld zu bezahlen bereit ist.

Das Sparen am falschen Platz (siehe oben) erschwert/verhindert das aktive, ertragbringende Verkaufen von Dienstleistungen: der Kunde misstraut uns. Er sucht sich neue Partner.

In hart umkämpften Märkten (z.B. Lkw-Markt, Medizintechnik-Markt, Erstausrüstung Kfz-Zulieferer) wird häufig nicht mehr am Produktverkauf sondern erst am Follow-up-Geschäft verdient. Neue Geschäftsfelder tun sich auf – die Chancen für Service-Marketing öffnen sich.

Service-Marketing hat eine strategische und eine taktische Komponente. Wie so oft in der Praxis kommt die strategische häufig zu kurz; die kurzfristig orientierten Re-Aktionen der sogenannten „Macher" überwiegen, die Linie fehlt. Erfolgreiche Unternehmen entwickeln sie: strategische Leitlinien, innerhalb derer sich die Praktiker ziel- und strategiekonform entfalten können. Wer sich diesen Trends gegenüber öffnet, der ist bei den Tätern/Gewinnern und nicht bei den Opfern/Verlierern. Echolot statt Ideen-Tod.

Wie offen sind Sie eigentlich für die neuen Chancen? Vielleicht helfen interessante Benchmarks weiter? Man „braucht ja nicht selbst jedes Rad neu erfinden".

System + Sympathie: die Synergie-Symbiose

Dr.-Ing. med. rer. pol. von Langerhand war ein Visionär. Als er in Osteuropa Kliniken kaufte, hielten ihn alle für verrückt:

- „Du investierst Dich ja kaputt!"
- „Da musst du ja bei Adam und Eva anfangen, alles neu aufbauen!"
- „Von den Märkten hast du doch keine Ahnung!"
- „Die Leute werden machen, was sie wollen, aber nicht was sie sollen!"
- „Ein Putsch, und alles ist futsch!"

Und so weiter. Erhobene Zeigefinger gab es genug, die meisten Banken waren damals beeindruckt, überfordert, entschlusslos oder blindlings risikobereit....

Das war in den 90ern. Heute liegen alle seine Häuser/Kliniken innerhalb der EU – Glück muss man haben! Heute ist Herr Dr.-Ing. med. rer. pol. von Langerhand Herrscher über eine Klinikkette und erhält Preise und Ehrungen zu Themen wie Logistikautomatisierung, Prozessmanagement, Backoffice Best Practice, Fallpauschalen Cost Excellence, Teamwork u.a. in Händen – Verdienst im mehrdimensionalen Sinn! Wie hat er das nur gemacht?

1. Ideen mit den Richtigen teilen: stell' dir vor, du hast eine tolle Idee und keiner zieht mit – schlecht. Stell' dir vor, du hast eine tolle Idee und andere finden sie ungeprüft noch toller – auch schlecht. „Kritische Würdigung" sagte unser Professor im Studium immer. Das hilft auch bei strategischen Weichenstellungen. Oft nur mit den richtigen Sparringspartnern kriegt man seine PS auch auf den Boden. Generieren, validieren, abwägen, verwerfen, neu fassen, aus einem anderen Licht sehen, reifen lassen, kalkulieren, formulieren, publizieren, durchsetzen: Ideenfindung ist nicht mit einem Schnipp erledigt, nicht umsonst spricht man von Strategieentwicklung. Jeder einzelne Stakeholder kann hier der richtige oder der falsche sein!

2 Im Einkauf liegt der Gewinn: nicht nur die Infrastruktur kann viel oder wenig kosten. Wer ein Schloss hat, der muss es auch heizen. Und wer Kliniken kauft, muss sie auch betreiben. Also ran an die Kostentreiber. Interne wie externe. Immer schwingt die Frage „make or buy" mit. Nur das selbst machen, was man wirklich besser kann als andere. Also gezieltes Outsourcing oder Outtasking. Runter mit der „Fertigungstiefe", rauf mit der Flexibilität. Also einkaufen und dadurch gewinnen, wenn's billiger oder besser ist als selbst gemacht.

3. Skaleneffekte: jeder Kolchosebauer weiß, dass große Felder rentabler sind als kleine (Stückkostendegression steht da in den Büchern). Sofern sie richtig bewirtschaftet werden. Feind Nummer eins sind Schädlinge. Kleine und große gibt es da zu erwähnen! Tausende kleiner Ungeziefer sind zwar schlimm, aber das nächste Jahr vielleicht wieder weg. Also Wettbewerb kennen, vor äußeren Gefahren schützen! Wenige große Parasiten sind jedoch viel schlimmer: Menschen, die zu Lasten anderer mehr wollen! Also erst einmal eine ausbalancierte Zielvereinbarung, echte Partnerschaften müssen her! Also gemeinsam investieren, miteinander optimieren,

sich selbst schärfende Messer schaffen. Lernende Organisationen, die mit innerem Antrieb ganz von selbst Produktivitätsverbesserungen erreichen.

4. One piece flow: volle Läger sind ein Übel! Ja Moment: leere Läger waren früher im Osten doch noch viel übler! Richtig ist die Mitte: Läger müssen immer nur so voll sein, wie der Abrufbedarf es von ihnen verlangt. Wird immer nur ein Stück abgerufen, brauche ich auch immer nur eins da haben. Also dafür sorgen, dass immer nur eins gebraucht wird. Das macht nach Lagerartikeln nicht halt, das ist mit jeglichen Produktionsfaktoren so.

5. Commodity: macht dem Mitarbeiter seine Arbeit Spaß, weil er das Gefühl hat, sie ist effizient? Benutzt er die Werkzeuge, die ihm für effizientes Arbeiten zur Verfügung gestellt werden? Verfahrensanweisungen funktionieren auf natürliche Weise, Workarounds werden keine erfunden. Diese effizienten Werkzeuge erleichtern seine Arbeit, Commodity stellt sich ein. Auf Knopfdruck tausendfach alles richtig machen – das bedeutet gewissermaßen auch Macht.

6. Service, den man spürt: Freude an der Freude anderer. Öfters mal ein „Juchu!", wenn etwas gut läuft. Patienten als Menschen, nicht Stückgut sehen (dies ist ohnehin der Urantrieb, in Pflegeberufe zu gehen – er darf durch Rationalitis nicht zerstört werden!). Natürlichkeit, Offenheit, Feedback, Absicherung. Ein „war alles OK so?" zum Kollegen gibt ihm das Gefühl des Interesses und Mitdenkens und uns selbst die Gewissheit, alles richtig gemacht zu haben. Diese Sicherheit wird bei regelmäßiger Anwendung zur Souveränität. Diese wiederum bringt Ruhe hervor, die generiert Qualität und die schafft Kundenzufriedenheit. Und die schließlich schürt die Nachfrage, lässt die Umsätze und somit Erträge steigen. Sofern man 1. – 5. anwendet...

Herr Dr.-Ing. med. rer. pol. von Langerhand hat neben Innovationspreisen, CMMI-Level 5 und Rekorderträgen nebenbei auch noch eine intakte Unternehmenskultur und einen staatlichen Lehrauftrag. Synergie-Symbiose!

Und die wollen auch noch Geld dafür

Kunden zahlen ungern für Service-Leistungen. Sie vertreten den Standpunkt, „unendlicher Service" sei integraler Bestandteil einer Produktlieferung, die ihm unsere Verkäufer ja als „perfekt" verkauft hätten. Je mehr der Verkäufer in der Kaufabschluss-Phase „auf die Tube gedrückt" und den After-Sales-Service mit seinen ganz natürlichen Kosten heruntergespielt hat, desto mehr verkriecht sich der Kunde – wider bessers Wissen – in diese Forderungs-Position, um Geld zu sparen. Beim Kauf erweckt er oft den Anschein, sich um den Service nachher selbst zu kümmern. Beim Problem-Auftreten hat er das dann vergessen und fordert...

Als der Service noch Kundendienst hieß, war das üblich. Der Werks-Kundendienst wurde zur Kostenfalle und der Handels-/Handwerker-(„Servicepartner") Kundendienst erst recht.

Heute verkaufen wir Produkte und Dienstleistungen differenzierter und jeweils separat: das Produkt hat seinen Preis, und der Service hat seinen Preis. Sales Business und After Sales Business!

Das funktioniert aber nur, wenn offensichtliche Leistungsbeschreibungen existieren:

- Welche Lieferleistungen stehen im Produkt-Kaufvertrag? Logistik-Kosten? Inbetriebnahme-Kosten? Selbst-Service-Unterweisungs-Kosten?...
- Welche Serviceleistungen stehen im Service-Kaufvertrag? Regel-Services? Notdienst-Services? Teile-Konsignations-Pakete? Ferndiagnosen und Fernreparaturen? Hotline-Consulting? Sofort/Express-Einsätze?...

Service-Leistungen sind meistens Funktionalitäts-Sicherungen, die der Kunde dringend braucht. Die faire Zusammenarbeit zwischen Verkauf, Kunde und Service ist die vorbeugende Instandhaltung des Lieferanten/Kunden-Kontaktes. Wenn die „Spielregeln" klar vereinbart sind, wird der Kunde unsere Service-Leistungen – mehr oder weniger gerne – bezahlen und sich nicht hinter der naiven Verwunderung „und die wollen auch noch Geld dafür..." verstecken. Ein alter Kaufmanns-Grundsatz scheint richtig: „je enger die Freundschaft, desto genauer die Verträge". Damit's dabei bleibt...
Die Sicht der Dinge ist wesentlich: früher haben wir von unserer Organisation aus „inside – out" gedacht und gehandelt. Heute müssen wir vom Kundenbedarf und vom Wettbewerbs-Benchmarking her „out-side - in" denken und handeln. Flexibilität innerhalb klar definierter strategischer Korridore!

Und keiner weiß, wie gut wir im Service sind!

Lange Zeit hieß er schlicht und einfach „Kundendienst", der Service. Dienst am Kunden per Dienst am Gerät. Eigentlich also immer schon Kundenzufriedenheits-Management und somit modern, weil auf Menschen und nicht auf Geräte hin definiert. Er war aber inzwischen abgenutzt, heruntergewirtschaftet, er war zum Reparaturdienst verkommen. Notwendiges Übel, unangenehmer Ballast des Geschäftes, Kostenfaktor, Strafkolonie für geringer angesehene „Kastanien-aus-dem-Feuer-Holer-Typen".

Genau diese Menschen waren und sind eigentlich wirklich tolle Kerle: immer einsatzbereit, weniger anspruchsvoll, bescheiden, technisch professionell, persönlich anständig und gewinnend.

Aber wie das so ist im sich modern gebenden Leben: neue Begriffe mussten her. Kleider machen ja Leute. Das Branchensprachrohr „Thema Kundendienst" wurde zum „Service today" aufgemöbelt, das klingt doch echt cooler! Man wollte mit dem Service auch endlich (und berechtigt!) mal heraus aus dem Windschatten des Verkaufs. Auch international wollte man angepasst auftreten. Auch mal eine eigene Business Unit werden, echt gut! Abkoppeln wurde zur Masche. Service per se. Ja – und dazu gehört natürlich auch ein eigenes Marketing, Service-Marketing eben. Aber: oft gewollt, selten gekonnt. So einfach ist der Spagat ja auch nicht. Wo Produktmarketing (Pre Sales) und Verkauf (Sales) die Basis nicht geschaffen haben, hat der Service (After Sales) wenig eigenständige Existenz-Plausibilität. Ohne Kuchen keine Sahne!

Zurück zum Ursprung? Rückkehr der verlorenen Söhne mit altem Angebot aber mit neuem Label: „Wartungsverträge". Kombi-Selling mit dem Warenverkauf. Zurück in den Windschatten des Verkaufs?

Ja, durchaus. Das macht nämlich Sinn, weil der Erstkauf auch mit Servicevertrauen bewirkt wird und weil die Nachkäufe durch Serviceerfahrungen motiviert werden. Nur der zufriedene Kunde kauft wieder, nur der zufriedene Kunde empfiehlt weiter. Also wird Service Marketing zum (chrono-)logischen Teil des gesamten Marketing. Logischerweise fordert das enge Zusammenarbeit und eine daraus entstehende Handschrift im kommunikatorischen Innen- und Außenauftritt. Zurück in den Windschatten des Verkaufs?

Nein, durchaus nicht. Das macht nämlich keinen Sinn, wenn der Service nicht bedeutungsgerecht herausgestellt/alleingestellt wird: für den Service eines Produktes zahlt der Kunde im Laufe der Nutzungszeit oft weit mehr als für die Anschaffung, Beispiele: EDV-Equipment, Operationssaal-Ausstattung, Fernverkehrs-Nutzfahrzeuge, Fluggeräte. Also müssen logischerweise die Konfiguration und die Kommunikation der Service-Leistungen und Kompetenzen markanter als bisher üblich erfolgen. Welche Zielgruppe hat welchen Anspruch/Erwartungshorizont, wie sind unsere modularen Service-Angebote, welche Menschen sind wie leistungsfähig und hilfsbereit, wo sind die vorsorgenden Instandhaltungsmaßnahmen vernünftiger als die üblichen ad hoc-Reparatur-Einsätze? All diese Service-Elemente plastisch zu kommunizieren, ist extrem schwierig. Hier sind markenpolitische Konzeptionen gefragt, modernes Service-Marketing. Einige wenige Business-to-Business-orientierte/spezialisierte Werbeagenturen haben's erkannt und leisten Beachtliches. Sie fördern das Servicegeschäft – kein schlechtes Geschäft!

Service-Marketing ist Vertrauensaufbau, nicht nur für den Notfall der Fälle, sondern für eine permanente verantwortungsvolle partnerschaftliche Leistung von Diensten im Zusammenhang mit der Lieferung von Produkten/Geräten/Dienstleistungen. Die Erfordernisse der Produzentenhaftung stehen dahinter. Sie sind die allerbeste Basis für Folgegeschäfte.

Und sie bewegt sich doch ...

Große Organisationen neigen zum Verharren. Führende bzw. stabile Vergangenheitspositionen degenerieren zur Unfehlbarkeitspsychose. Jüngst hat uns die politische Entwicklung vor Augen geführt, wie so etwas passiert. Jetzt (!) will man sich erneuern – let's wait and see. Der Rückfall in alte Gewohnheiten feiert schon Urstände!!

„Wir kommen täglich stark voran, wissen aber gar nicht, in welche Richtung". Es ist Mode (und sogar politisches Bekenntnis) geworden, „auf Sicht zu fahren". Hamsterrad-Psychologie. Wo bleibt da der Weitblick?

Als der Vatikan im Jahre 1633 Galilei zwang, die Widerlegung der vom Katholizismus vertretenen Lehre, dass die Erde sich nicht bewege und der Mittelpunkt des Universums sei, für sich zu behalten, gab dieser gegen seine Überzeugung klein bei. Dennoch kennen wir seinen berühmten Ausspruch: "... und sie bewegt sich doch!" Auch heute gibt es Top-Fachleute/Manager, die gegen ihre tiefe Überzeugung „kriechen"... Viele retten ihre Haut durch angepasst-opportunistisches (Fehl-)verhalten. Überlebens-Motto: „god save my skin! / boss save my job!/ tax-payer save my bonus!"

Bewegt sich die Welt-Gesellschaft? Und ob sich die bewegt! Täglich und überall sehen wir's: Wirtschaftssysteme krachen zusammen, Börsenkurse stürzen ins Uferlose, Kriege wollen nicht enden, Menschen hungern millionenweise, Politiker und Manager gehen und kommen, kein Stein bleibt auf dem anderen. Umstrukturierung gilt als die Erfolgsformel unserer Zeit. Wehe dem, der still steht! Action ist gefragt – egal, ob sie Sinn macht oder nur Staub aufwirbelt. Hektik ist Mode. Wehe dem, der nachdenkt! (... oder gar vorausdenkt). Macher sind „in". Torschlusspanik der Business-Macher. Sind das Führungs-Kräfte??

Die Produkte sind wichtig, aber weitgehend dem „me too" oder „we too" unterworfen. Einfach Weitermachen ist Blindfahrt. Aggressive Preispolitik ist Abschussfahrt. Erhabene Image-Politik ist Traumfahrt. Merger & Acquisition ist Irrfahrt. Managementwechsel ist Hoffnungsfahrt. Kundenbindung ist Rettungsfahrt: persönliche Profilierung und damit langfristige Bindungen sind nötig. Geschäftssicherung ist Unfall-Chirurgie, die kosmetischen Varianten kommen später dran.

Der Kunde muss nachhaltig zufriedengestellt werden, der Mitarbeiter muss sich dauerhaft mit den Erwartungen der Kunden und den Maßnahmen des eigenen Unternehmens identifizieren. Nur wer offen und neugierig („neu"-gierig!) für Entwicklungen, Trends und gute Beispiele („best practice benchmarks") ist, kann Vorsprünge gewinnen und sichern – und zwar durch strategisches Vorgehen. Kaum eine Disziplin ist so schwierig und so wichtig zugleich wie die Strategie. Deshalb macht es Sinn, auf diesem Gebiet besonders aktiv zu sein.

Der Markt bewegt sich („und er bewegt sich doch!"). Wir sollten zu den Pace-Makern gehören, treu dem Alt-Berliner Motto „vorn spielt die Musik". Gerade wir vom Service, weil wir stündlich konkrete Zeichen setzen und Beispiele geben können. Wem das an der Kunden-Front klar ist, der hat alle Chancen, Bewegungen zu iniziieren...

Vorsicht vor kognitiven Gletscherspalten!

Foto: Irargerich

Skifahren ist toll, über Gletscher am tollsten. Wenn da nicht die Gletscherspalten wären: Wer drin liegt, ist weg. Da hilft nur eins – Chancen und Risiken abgleichen; beobachten was geht und was nicht.

Kundenzufriedenheit messen – dieses Thema hat´s psychologisch und methodisch in sich. Technokratisch/schematisch ist ihm nicht beizukommen. Allenfalls die Symptome sind zu greifen, die Ursachen und Konsequenzen lassen sich dann einigermaßen plausibel einkreisen und erklären.

Fragebogen versenden (im Stil „sehr zufrieden – zufrieden – nicht zufrieden“) bringt Pseudo-Informationen, also eigentlich Irritationen:

- aus den Adressaten filtern sich automatisch die aggressiven Reklamierer-Naturen heraus (Quotenverfälschung)
- selbst wenn die Ergebnisse (Logik) der Befragung stimmen – die Erlebnisse (Psychologie) fehlen meistens.

Callcenter Befragungen unterliegen ebenfalls dem Schematismus (-Eindruck) und bringen nur bei ausnahmsweise hoher Dialog-Qualität brauchbare Ergebnisse.

Ein nicht seltener Fehler ist in der Befragung durch den Service – über den Service – zu sehen: der Frage „wie sind Sie mit mir/uns zufrieden?“ wird häufig ausgewichen. Die schwammigen Resultate solcher Befragungsaktionen zeigen mitunter ihre Sinnlosigkeit auf.

Kundenzufriedenheit, als Übereinstimmung von Kundenerwartungen und Kundenerfüllungen und Kundenempfindungen definiert, ist ein teils unterbewusst ablaufender Prozess, auch ein teils bewusst tabuisierter Vorgang (man dramatisiert oder komplimentiert, weil man die Serviceabhängigkeit fürchtet. Man braucht die Leute ja wieder..).

Gefahr erkannt?! Wie die Gefahr bannen? Hier fünf probate Tipps, mit denen sich Aufwand verringern und Ergebnisqualität erhöhen lässt.

1. Weniger Kunden intensiv interviewen ist hier besser als extensiv viele („profund vor repräsentativ“)
2. Interviewsituation auf Dialogbereitschaft optimieren, nicht „nebenbei im Alltag" abspulen

3. Neutrale Moderatoren/Interviewer beauftragen und gründlich vorbereiten, firmenspezifisch und vor allem Kunden-Erwartungen-spezifisch einarbeiten
4. Ermittlungsprozesse ausgeprägt strukturieren, z.B. bzgl. Produkt, Service, Logistik, Kontaktqualität... und per Multiple choice Antwortvorgaben so machen, dass bei der Auswertung Konkretes herauskommen kann. (Sinnvoll ist ggf. die Ergänzung durch wenige sehr gezielte offene Fragen)
5. Dialog als Unternehmensauftritt verstehen und praktizieren („Flagge zeigen")

Als Benchmark kann die qualitative Marktforschung helfen: je gleichartiger/homogener die Produktnutzen, desto wichtiger/wirksamer die psychologischen Erlebniswelten. Kein Wunder, dass die Marken eine so beachtliche Renaissance erleben heutzutage!

Wenn wir aus unserem Service eine Marke machen wollen, die uns markant profiliert, dann muss uns klar sein: die echte Kommunikation mit unseren Kunden, die Offenheit des Kontaktes, die Ehrlichkeit untereinander ... – das sind die Säulen neuer Erkenntnisse. Sonst werden wir bewusst oder unterbewusst belogen. Das ist dann vergleichsweise so, als wenn eine dünne Schneeschicht unsere Gletscherspalte unsichtbar macht. Sie bleibt aber da... Siehe oben: Wer drin liegt, ist weg.

Wer heute spart, legt morgen drauf

Schlank werden, Kosten sparen, Mitarbeiter freistellen, Druck aufbauen, Prozesse entschlacken, Informationssysteme computerisieren, Arbeitszeiten besser ausnutzen (um nicht zu sagen, die Menschen...), Outsourcing bis zum Laienspiel...

Wenn man die Entwicklung aufmerksam verfolgt, könnte man den Eindruck gewinnen, das seien die bevorzugten Erfolgsregeln des aktuellen Managements. Der Null-Fehler-Anspruch funktioniert in der hochautomatisierten Produktion selten genug, in der Waren- und Informationslogistik noch seltener, in der Kundenbetreuung (= Sicherung der Kundenzufriedenheit) anscheinend noch viel seltener. Machen wir die Rechnung ohne den Wirt, d.h. das Geschäft „ohne" den Kunden?

Konzentration der Macht auf der Top-Ebene. Aber wo bleibt die Entscheidungskompetenz und –qualität, wenn das Wissen und Erfahrung einbringende Mittelmanagement weiter ausgedünnt wird und preisgünstigere, erfahrungsarme, vermeintlich sehr engagierte, de facto aber oft nur opportunistisch auf ihre Karriere schielende Jungmanager die Entscheidungen „wunschgerecht nach oben" vorbereiten? Statt zu viel lean Management wäre mehr clean Management sinnvoll! Gemeint ist damit die strategisch und operational klare und für jeden Mitarbeiter verständliche Orientierung an dem, was die Kundschaft, die uns mit unseren Wettbewerbern vergleicht, heute und morgen denkt, fühlt, will, fordert – abgestimmt mit Kosten-Strukturverbesserungen, welche die Bezeichnung „Ratio"-nalisierung verdienen.

Null Fehler-Performance, Kundenzufriedenheits-Management, Kundenbegeisterungs-Maßnahmen – diese Themen geistern mit internationalen Vokabel-Ausschmückungen durch die Meetings, Tagungen, Kongresse. Theorien! Wie sieht die Praxis aus?

- Die Verantwortlichen verstecken sich in Meetings
- Die Unverantwortlichen quatschen dummes Zeug am Telefon
- Die Unwissenden werden in technisch hochgerüsteten Callcenters aktiv
- Die Rhetorik-Schulungen übertünchen inkompetente Auftritte
- Die vorgefertigten Korrespondenzbausteine treffen nicht
- Die Kulanzbudgets werden heimlich unheimlich gekürzt
- Die Wettbewerber werden unterboten statt überboten
- Die Kunden reklamieren im Rahmen der Produkthaftung
- Die Kunden würden auch gerne „Behandlungshaftung" reklamieren
- Die kooperative Partnerschaft mit den Kunden geht in die Binsen

Streben wir nach dem adäquaten Mittelmaß zwischen Fettleibigkeit und Magersucht, zwischen Profitstreben und Profilstreben. Die Kunden benchmarken, wir sollten es gleichermaßen tun. Warum eigentlich nicht gemeinsam mit unseren (Schlüssel-)Kunden? In der Automobil-Zulieferindustrie wird das Prinzip des kooperativen Engineering durchaus erfolgreich und bindend praktiziert. Wo bleiben das kooperative Operating und das kooperative Calculating?

Wer heute zu viel investiert, geht morgen pleite. Wer heute zu wenig investiert, geht übermorgen pleite. Wer nicht permanent nach dem Balance-Optimum „dem Kunden viel bieten / vom Kunden viel bekommen" strebt, ist – ohne es zu realisieren – innerlich heute schon pleite.

Das neue Flatrate-Flachland?

Foto:txd

Lars Langenbergs Großvater hatte noch Perspektiven: er war Leuchtturmwärter. Stark fokussiert stach sein Blick auch durch dicksten Nebel, unzähligen Schiffen half er souverän, den richtigen Weg zu finden. Auch die Bootsmänner sahen ihn, kannten ihn und mochten ihn: starkes Profil, klare Aufgabe, Weitsicht. Der hohe Turm im flachen Land war vor allem eines: eindeutig. Denn jeder wusste gleichermaßen, wofür er da ist und dass man ihn braucht. Ein echter USP!

Lars Langenberg junior ist heute Strategieassistent der Multimediamischmasch AG, die für ihre Europa-Expansion das Servicegeschäft ausbauen soll. „Stellen Sie uns ein Leistungsportfolio zusammen, das Marktanteile sichert und mit dem man Geld verdienen kann!" hört er seinen Chef noch rufen. Er macht sich ans Werk und sammelt tolle Beispiele für Geschäftsfelderweiterungen:

- Vakuum-gepresste Gästebetten beim Discounter
- Laser-Wasserwaagen im Getränkemarkt
- Schnittblumen mit Digitalgrüßen im Möbelhaus
- DVD-Laufwerke auf dem Supermarkt-Wühltisch
- ...

Er fokussiert weiter auf Dienstleistungen:

- Personalservices bei einem Blechkonstrukteur
- Südseereisen im Baumarkt
- Handy-Flatrates neben Fladenbrot
- Versicherungen im Autohaus!
- ...

Autohaus? Jetzt hat Lars seine Benchmark-Branche gefunden. Überall liest man doch, dass jeder siebte Arbeitsplatz am Auto hängt und die Hersteller durch minutiöse Prozess-Steuerung Kosten optimieren und Rekordgewinne einfahren (wenn nicht gerade mal eine Krise die heile Welt erschüttert). Was machen die eigentlich so richtig?

Die integrierte Technologiekonzern-Strategie oder die Fluglinie im eigenen Stall kann's doch nicht gewesen sein. Globalisierung? Na ja, in Detroit, Coventry oder Guangzhou läuft auch nicht alles glatt. Merger vielleicht? Mitmachen OK, Mehrheiten gefährlich: nur Erfolg versprechend, wenn die Kultur und die Prozesse auch wirklich Skaleneffekte freilegen. Wie heißt es so schön: die Grundlage ist die Basis eines jeden Fundaments?! Ohne Fundament kracht jede Achterbahn zusammen, selbst wenn Bernie Ecclestone sie betreiben sollte.

Versicherungen? Wer kümmert sich da schon gerne drum. Ha, das ist es! Unangenehmes abnehmen, Komplexes einfach machen, dem Kunden Commodity bescheren: vom Warenanbieter zum Lösungsberater!

Das Auto soll primär vieles können: fahren, transportieren, repräsentieren, versorgen, sicher sein, praktisch sein und am Ende noch chic, süß und billig sein. Individualmobilität auf höchstem Niveau eben.

Die Mobilität soll sekundär noch mehr können: keinen Ärger machen, immer anspringen, jeden Plan erfüllen, Mühen abnehmen, Identifikation schaffen, sich erklären und finanzierbar bleiben.

Wer nur ein durchschnittliches Produkt hat, der macht es eben mit nachgerüsteter Strahlkraft zum Leuchtturm: Services, Add-ons, Plug-ins, Ontops oder Flatrates. Teils mit großem Erfolg, großenteils mit größtem Aufwand. Nicht nur die Produkte kosten, die Prozesse dahinter kosten meist noch viel mehr!

Lars denkt an seinen Großvater und grübelt in seinem rot-weiß geringelten Eckbüro: was macht einen Leuchtturm aus? Sind das inzwischen nicht so viele, dass die gar keine Wege mehr weisen können und überhaupt nicht mehr eindeutig sind? Wie unterscheide ich denn heute tatsächlich noch das Angebot von Tchibo, Aldi, Obi, ATU, Saturn o.ä? Die verkaufen doch heute alle alles..., das wird doch immer flacher und flacher.

Alpen-Urlaub.: auf einer Berghütte hoch oben durchfährt es Lars: neue Gipfel müssen her! Seit Reinhold Messner sind die echten weg, dann machen wir uns halt virtuelle: etwa Mobilitätslösungen mit Auto und Dienstleistungen, die auch wirklich zum Auto passen: Autofinanzierung, Autoversicherung, Autoreparatur, Autoinzahlungnahme, Autotuning, Autotausch, Autoersatz, Autoabverkauf... Sozusagen „Pimp my Mobility". Eigentlich nichts Neues, jedes für sich zumindest. Aber das Komplettangebot aus einer Provider-Hand: kundenfreundlich kommuniziert, kaufmännisch kerngesund. Und intern mit einer durchgängigen Kalkulation und Prozesssteuerung, die das Geldverdienen anzeigt statt das Geldverschwenden zu verschleiern.

Der Hüttenwirt erkennt Lars' Weitblick und schreibt „Gipfeltreffen" auf seine Vesper-Quittung. Hoffentlich tut das sein Geschäftsführer auch. Hollarädulliöh!

Wer nicht mit der Zeit geht, der geht mit der Zeit

Service-Mitarbeiter sind Praktiker. Sie wissen aus Erfahrung und gesundem „Bauchgefühl“, wie die Dinge zu laufen haben. Darum organisieren sie sich auch meistens weitgehend selbst. Das Improvisationsvermögen gilt als hohe Tugend. Die Freiheit der Durchführung der Service-Aufgaben vor Ort ist ja auch ein wesentlicher Motivationsfaktor, diesen Beruf auszuüben. Also alles „im grünen Bereich?“

Steuerung, Führung und Motivation von Service-Mitarbeitern wird sehr unterschiedlich gehandhabt: auf der einen Seite die perfektionistischen EDV-gesteuerten, leblosen und häufig praxisfernen Schema-Organisationen, auf der anderen Seite die genialistischen, oft riskanten, strapaziösen aber auch flexiblen Improvisationen. Zwischen diesen Extremen steht der Mitarbeiter – immer gefordert, häufig überfordert, selten gefördert. Das kann so nicht bleiben.

Wie erreichen wir als Service-Verantwortliche die Erhaltung bzw. Aktualisierung der fachlichen, methodischen und kommunikativen Kompetenzen unserer „Speerspitzen im Service-Auftritt?“

Zunächst zum Fachlichen: die mehr oder weniger perfekte Kenntnis dessen, was unsere Firma liefert (Anlagen, Produkte, Dienstleistungen...) wird vom Kunden als selbstverständlich vorhanden erwartet. Dieser Erwartung wird die Praxis weitgehend gerecht. Das genügt aber nicht: der/die Service-Verantwortliche vor Ort sollte unbedingt auch die Nutzen-Erwartungen des jeweiligen Kunden kennen: worauf kommt es hier konkret am meisten an? Was passiert bei Funktionsausfällen (mittelbarer und unmittelbarer Schaden, objektive Prozess-Störungen und/oder subjektive Aufregungen/Nervenplatzer). Auch sollte bekannt sein, welche generelle strategische Priorität die jeweiligen Lieferinhalte und der jeweilige Kunde haben...

Nun zum Methodischen: Istaufnahme – Zustandsbewertung – Abhilfestrategie - Abhilfemaßnahmen – dieser Normalprozess wird beherrscht. Er enthält aber stets neue methodische Elemente. Diagnosegeräte ermöglichen schnelle und objektive Istaufnahmen. Diese sind aber dann gescheit zu bewerten (z.B. Betriebsrisiko gering, weiterfahren, beim nächsten großen Service in Ordnung bringen oder Risiko hoch, sofort stoppen, Reparaturzugriff – was sagen die Vorschriften, wie sieht es mit der Produkthaftung aus?). Hier ist der Praktiker vor Ort oft überfordert, vor allem wenn es sich um Ausfälle in sehr komplexen Prozessketten handelt.

Jetzt zum Kommunikativen: bei der früher üblichen persönlichen Absprache/Verständigung wurden die Dinge nicht so genau genommen. Jedenfalls blieben große Auslegungsspielräume. Heute wird jedes Detail in der IT dokumentiert. Das nimmt Verhandlungsspielräume. Mit noch so guter Kontaktfähigkeit kann heute manche Brücke nicht mehr geschlagen werden. Wenn aber die Kontaktfähigkeit ohnehin nicht die Stärke des/der Vor-Ort-Auftretenden ist (=häufiger Fall der eher introvertierten Fachleute), dann werden die Möglichkeiten, „den Ball flach zu halten“ nicht ausgeschöpft. Problem-Ergebnis und Problem-Erlebnis sind zweierlei Dimensionen.

Aus dem Gesagten ergibt sich ein sehr hoher permanenter Orientierungsanspruch – Coaching per tägliche Führung, Training per gelegentliche Tagungen/Seminare und Information/ Instruktion durch Schulungen, ergänzt um praxisnahe e-learning-Programme - alles top abgestimmt aufeinander und durch Branchen-übergreifendes Benchmarking befruchtet. Die genannten Entwicklungen erklären auch die fortlaufende Veränderung der Anforderungsprofile an die Führungspersönlichkeiten im Service.

Wichtig ist bei so dynamischer Entwicklung unseres Service-Berufsumfeldes, dass wir „Kopf und Zeit" dafür haben (bzw. uns nehmen), bloße Moden von echten Trends zu unterscheiden. Mit dieser Anforderung sind andere Berufe noch weit mehr konfrontiert, denken Sie beispielsweise an die Mikro-Chirurgie, an die Telekommunikation, an die IT-Welt, an die Logistikbranche oder an die Zuliefer-Märkte...

Finden Sie in Ihrem Unternehmen die mentale und budgetäre Unterstützung bei der Aktualisierung/Modernisierung der Kompetenz-Niveaus Ihrer Service-Mitarbeiter? Wenn ja, dann ist die Überschrift dieses Artikels ein bloßes Wortspiel für Sie. Wenn aber nein, dann ist sie „eine Aufforderung zum Tanz"...

Jede Strategie "zündet" nur so gut wie ihre Umsetzung: die Professionalität der Führungskräfte entscheidet über den Erfolg...

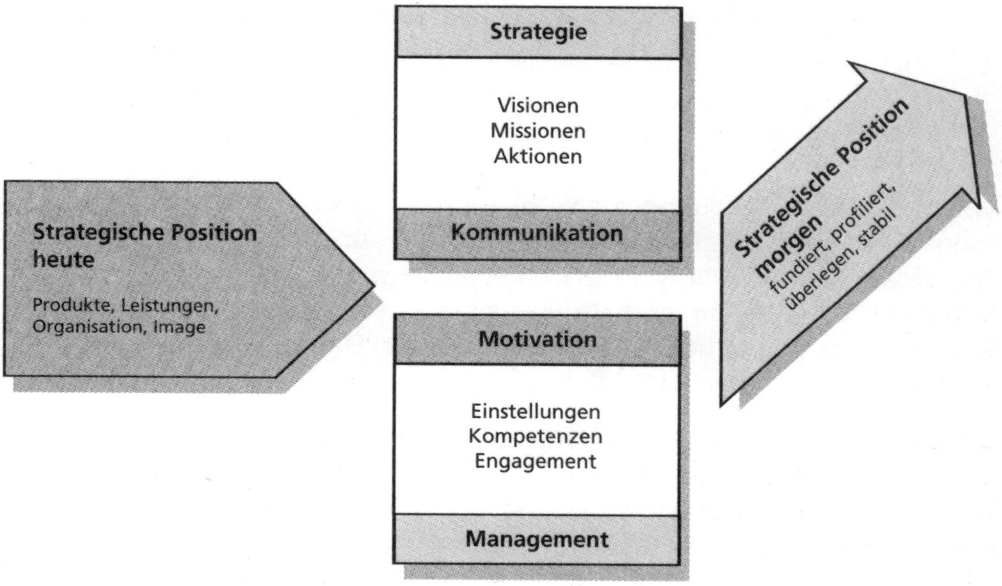

Weniger Brummen bringt höhere Summen

„Da brummt etwas an meinem Auto!", sagt der bisher zufriedene, aber immer gewissenhafte und kritische Kunde 364 Tage nach Inbetriebnahme seines Neuwagens. So einen Werkstattauftrag nimmt der Meister gerne auf, bekommt er doch bis morgen das Geld vom Hersteller oder Importeur wieder.

Ein paar Tage später wird der Garantieantrag ausgefüllt:

Nr	Kategorie	Text
01	Symptom	brummt
11	Kondition	bei niedriger Drehzahl
21	Position	Ansaugrohr
31	Grund	Verschraubung lose

Der Server in der Zentrale frisst den Antrag anstandslos, alle 500 Plausibilitätschecks stehen auf grün. Der Hersteller erstattet wie gewünscht, und wieder sind alle zufrieden:

1. Der Kunde, weil nichts mehr brummt und er die Kompetenz des Händlers als Problemlöser erlebt hat
2. Der Händler, weil er mit diesem Werkstattauftrag Geld verdient hat und den Kundenkontakt intensivieren konnte
3. Der Hersteller, weil er ein Feedback erhalten hat, dass die Entwicklung für die nächste Modellgeneration die Verschraubung des Ansaugrohrs gegen Lösen durch Vibration besser sichern kann

Von der Problembehebung zur Problemvermeidung. Aus Symptombekämpfung wird mit Hilfe von Garantieanträgen und der funktionierenden Organisation im Hintergrund Ursachenbekämpfung. Und weil das so schön funktioniert, bieten immer mehr Handelsorganisationen Garantieschutzbriefe bzw. Reparatur- und Wartungsverträge an. Flatrates mit 48-monatigen Sorglos-Paketen sind in aller Munde.

Denn der gewissenhafte und kritische Kunde zahlt auch gern ein bisschen Geld für die Funktionssicherheit seines Autos. Nachhaltig gelöst, hunderttausendfach anwendbar. Wir wollen ja schließlich jeden Fehler nur einmal machen. Bei Autos ganz einfach.

Was ist, wenn Menschen anfangen zu brummen? „Lass den brummen, der hört auch wieder auf", heißt es oft. Oder: „dann knurr' zurück, der wird sich das schon abgewöhnen!". Das ist bis jetzt nur Symptombekämpfung. Viel interessanter ist die Frage: Warum brummt der? Die stellt sich aber nur derjenige, der nachhaltig an einem „Niewiederbrummen" interessiert ist: das sollte eigentlich jeder Manager sein, der Menschen nicht nur für eine Wochenendveranstaltung zu führen hat. Rein gesetzlich müssen wir keine „Menschmängelhaftung" auf den Arbeitsoutput geben. Trotzdem möchten wir unsere Kunden das Funktionieren der Mitarbeiter spüren lassen.

Also investieren wir als Firma in eine Art Garantieschutzbrief für unsere Organisation. Die Abwicklung in unserem „Menschbrummgarantiefall" hieße in etwa so:

Nr	Kategorie	Text
101	Symptom	brummt
111	Kondition	bei ungerechter Verteilung neuer Arbeiten
121	Position	am PC, Mailsystem
131	Grund	Keine Angabe von Gründen, warum der Vorgesetzte ihm diese und anderen vermeintlich bessere Arbeiten zuteilt

Klingt zunächst schematisch, warum jetzt auch noch Wehwehchen per Datenbank erfassen? Der Aufbau kostet erst einmal Geld. Die Mitarbeiter müssen das erst einmal verinnerlichen. Experten, die die Analyse der Gründe und Hintergründe beherrschen, müssen erst einmal gefunden und involviert werden. Wo liegt also der Nutzen?

1. Der Mitarbeiter ist zufrieden, weil er nie wieder brummig werden muss und sein Chef seine Anregung konstruktiv umgesetzt hat: ab sofort mailt er mit kurzer Hintergrundinfo: mehr Klarheit, mehr Identifikation, weniger Brummpotenzial

2. Der Vorgesetzte ist zufrieden, weil seine Mitarbeiter mitarbeiten anstatt zu brummen. Und keiner muss mehr ein Brummen unterdrücken: es passiert ja nichts Schlimmes, wenn er es rauslässt

3. Die Firma ist zufrieden, weil jeder Brummeffekt nur einmal passiert und eine nachhaltige Besserung der Mitarbeitskultur erreicht wird

4. Die Kunden der Firma sind zufrieden, weil hier einfach alles klappt. Und sie kaufen zuhauf.

Übrigens, eine Firma brummte bisher richtig, denn sie hat das Grundprinzip der kontinuierlichen Verbesserung der Organisationskultur kapiert: Toyota, Nettogewinn im Geschäftsjahr 2005/2006: 9,9 Milliarden EUR! Die neuesten Geschehnisse wussten wir bei Redaktionsschluss natürlich noch nicht....

5. Da war sogar der Staat zufrieden

Summa summarum lässt sich sagen: Die höchsten Summen schreiben Teams ohne Brummen.

Foto: DeaPeaJay

Motivationsanalyse von Kongress-Besuchern

Jährlich im Herbst ist's wieder soweit: der Münchner Service-Kongress! „Man" trifft sich. Im Vorfeld der Besucherströme erlauben Sie uns bitte, einige Verbal-Karikaturen nach dem Motto „Wer sich zu ernst nimmt, der ist nicht mehr ernst zu nehmen."

Der Gesandte – so richtig edel im Auftritt. Leitbild diplomatischer Dienst. Dienst mit Fragezeichen. Eher Diplomatie an sich. Konziliant, aber nirgends zu fassen. Entgegenkommend, aber blutleer. Rhetorisch die Bombe, substanziell meist ein Rohrkrepierer. Fordert oft zum „Arbeits"-Essen auf, zahlt aber selten.
Tipp: Visitenkarten tauschen, Bedeutung weiterer Connections betonen, Land gewinnen.

Der Geschickte – Diener seiner Herren. Dankbar, zum Kongress reisen zu dürfen. Sammler und Jäger von Unterlagen (möglichst mehrere Exemplare). Mitschreiber. Diskussionsschweiger. In den Pausen der Alleine-Esser mit Blick für die Lachsbrötchen. Platzreservierer. Reaktions-Gesprächspartner mit Parkett-Vorsicht.
Tipp: menschlich ansprechen, aufwerten. Er könnte als Ratgeber wichtig werden. Keinerlei Entscheidungen abverlangen. Genügend rasch auf Distanz gehen, sonst „klebt" er während des ganzen Kongresses an Ihnen.

Der Grandseigneur – Nadelstreifen, Einstecktuch, (Rest-)Haarstyling, Exklusivparfüm. Charmanter Parlierer mit gestriger Wichtigkeit, Galanterie wie beim Wiener Hofball: die Damen, die Damen, die Damen ... Applaus-Erwarter, Typ alternder Kampfflieger.
Tipp: why not, wenn's sonst langweilig ist; bloß nicht, wenn's sonst interessant ist.

Die Lady – siehe Grandseigneur, nur (scheinbar?) jünger. Der Kongress ist die Bühne. The show must go on. Eine interessante Variante ist die selbstbewusst-anspruchsvolle Karriere-Dame mit undurchschaubarer Attraktivitäts-/Kompetenz-Balance. Oft höchst reizvoller Kontakt mit beachtlichem Gesellschafts- bzw. Fachprofil.
Tipp: bewundern, Komplimente erster Klasse – nach Art Wiener Café-Haus oder Harvard Business School.

Der Performer – männlich, tendenziell vermehrt weiblich. Cool. Business Styling in allen Dimensionen. Hardliner, Asket. Strahlend durchtrainiert, effektiv im Gespräch. Yes or no. Präzise vorbereitet auf Themen, noch mehr auf Joint-Success-Persönlichkeiten.
Tipp: Wenn Dialog, dann kompetent. Wenn Kontakt, dann konkret.

Der Akquisiteur – stets richtig aufgestellt. Gefischt wird dort, wo die Fische sind. Typischer „Ja-Aber"-Diskutant zwecks konformer Profilierung. Mit allen Geheimwaffen der Akquisition bestückt. Raffiniert im approach, verständnisvoll im Dialog, nett im Kontakt. Please-love-me-boy.
Tipp: check out your benefit.

Der Job-Sucher – Gratiskarten-Inhaber. Saal-Füller. Selten Selber-Zahler. Meist hilflos im Getriebe, anlehnungsbedürftig. Systemangepasster Auftritt. Hoffnung als Präsenzprinzip. Oft wenig Schale und viel Kern.
Tipp: erkennen, aus der Reserve locken, Verbindung knüpfen.

Der Talentsucher – emsiger Umschauer mit Nachwuchspotenzial-Blick. Teilnehmerlisten-Ankreuzer. Pausenkontakter mit Zielfahndungs-Gespür.

Sitzplanoptimierer zwecks „zufälliger Nachbarschaft". Broschürenverteiler, Termine-Macher, Chancen-Verkäufer.
Tipp: Wenn Sie einen Job bei seiner Firma suchen, ist er der Wichtigste auf dem ganzen Kongress. Wenn nicht: keep smiling, keep distance!

Der Boss – fühlt sich eigentlich unter Wert auf diesem Kongress. Handy mit Vibrationsalarm. Notebook Modell Next Year, online ins Office, Last-Minute-Attitüden. Überblick mit Adlerauge: „Ich rede nur mit dem, der mir mal nützen könnte." Sehr kritischer Be-/Verurteiler des Programms und der Referenten.
Tipp: let him be!

Der Business Angel – Vollprofi von gestern, schier grenzenlose Erfahrungen, Netzwerk vom Feinsten, tausend Stories. Kann – wenn er will – oft sehr wichtige und sehr verschlossene Türen öffnen. Erwartet oft auch etwas „Vitamine" dafür (Esprit entwickeln!).
Tipp: wenn er/sie die richtigen Kontakte zu aktuell für Sie wichtigen Zielpersonen hat – unbezahlbar!!

Der Referent – gefragte Persönlichkeit. Klüger als die anderen. Ziemlich oben. Versierter Generalist, spezialisierter Realist, kommunikativer Verknüpfer, manchmal unausstehlicher Selbstdarsteller, zuweilen Redner aufgrund von Verbindungen vergangenheitlicher Bruderschaften.
Tipp: selektive Optimierung.

Der Interessierte – eigentlich die Zielgruppe. Er weiß viel und will noch mehr erfahren. Er regt sich und sucht die Anregungen. Nüchtern (abends und morgens), oft zu nüchtern. Der Kongress ist für ihn/sie echte Arbeit. Effektivität zählt, Verantwortung gilt.
Tipp: Kontakt anbahnen, Verbindungen aufbauen, Kooperationen suchen.

Der Offizielle – engagiert rund um die Uhr. Und das seit Monaten. Motiviert bis ins Knochenmark, Idealist von Kopf bis Fuß. Aber auch zuweilen Kritik-kritisch, teils empfindlich, manchmal schematisch.
Tipp: danken, anerkennen, unterstützen. Wer soll sonst das nächste Mal die Kongressarbeit machen?

Ihrer Phantasie sind keine Grenzen gezetzt. Haben Sie Lust, dieses Panoptikum zu ergänzen?

Team Engineering – harter Erfolg mit soften Facts

„Papi, wie funktioniert das?" fragt jedes interessierte Kind. „Herr Professor, wie funktioniert eine Dampfmaschine?" fragten Generationen von Studenten. „Chef, warum funktionieren wir nicht mehr wie früher?", fragt mancher frustrierte Mitarbeiter, der jeden Monat noch mehr aufgehalst bekommt.

„Wie funktioniert eigentlich ein Team?", fragen wir uns im Zeitalter der Nano- und Neurotechnologie. Was bei Maschinen erklärbar ist, müsste bei Menschen doch auch auf Ursachen und Wirkungen zurückzuführen sein. Wir bestehen doch schließlich auch nur aus Atomen!

Tut der Mensch gerne, was er tut? Das menschliche Tun scheint sehr wohl als Konsequenz einer (überwiegend!) logischen Entscheidung zu funktionieren. „Tierische" Grundfähigkeiten, Verhaltensmuster, lassen sich beschreiben:

- Hin zum Wohlgefühl und weg vom persönlichen Leid. Wir wollen es einmal besser haben. Jeder engagiert sich jedoch zunächst für sich selbst
- Meiden unnütz erscheinender Mühen. Jeder vermeidet Mühen, die er als nicht zielführend einstuft. Wir können abkürzen wie ein Pferd, wir können gucken wie ein treuer Hund, wir können unsere Beute einkreisen wie eine Horde Löwen
- Rudelbildung: größere Überlebenschancen hat diejenige Art, die in guten wie in schlechten Zeiten zusammenhält
- Alpha- und Betatier-Kultur: wir folgen gerne dem, der uns dorthin führt, wo wir selbst hinwollen – wenn wir meinen, unter seiner Leitung sparen wir mehr Mühen als unter der eines anderen

Klingt zunächst philosophisch. Wie soll ich nun hiermit etwa meinen Außendienst verbessern? Zunächst muss ich wissen, wo gut ist und in welche Richtung besser liegt. Erst einmal muss das besser als Ziel formuliert sein.

Haben nun Serviceleitung und Service-Außendienst unter besser nicht das Gleiche verstanden, haben wir einen Zielkonflikt. Haben Serviceleitung und Service-Außendienst das Ziel gar nicht explizit benannt, aufgeschrieben oder kommuniziert, weil man ja dachte es sei sowieso klar, der andere hätte doch und man meinte ja schließlich..., dann haben wir bereits einen Kulturkonflikt. Je unterschiedlicher die Menschen im Team sind, je mehr Zielstellungen bewältigt werden müssen und je weniger kommuniziert wird, desto höher ist die „Entgleisungsgefahr" hin zum Kulturcrash. Mit dem Erfolg, dass keiner mehr etwas im Sinne des anderen tut geschweige denn Lust dazu hat.

Also sollte ein Unternehmen (bzw. jede beliebige Unternehmenseinheit = Team) bestrebt sein, eine Kultur zu schaffen, die eben nicht crasht. Eine win-Partnerschaft sozusagen, wo nach den Grundfähigkeiten jedes Teammitglied einen persönlichen Vorteil herausziehen kann.

Doch wie erreicht man das? Hier setzt das Team Engineering ein. Schauen wir uns an, wie Wikipedia beide Wortanteile definiert: „Team=Zusammenschluss von mehreren Personen zur Bewältigung einer Aufgabe". „Engineering=Anwendung von technischen, wissenschaftlichen und mathematischen Kenntnissen auf... und Prozesse, die zwangsläufig zu einem gewünschten Ergebnis führen".

Ähnlich dem Business Reengineering werden Unternehmenskulturen, bzw. Teil- oder Subkulturen untersucht:

- Wo laufen Visionen, Werte, Leitbilder, Zwecke, Vorhaben in der relevanten Unternehmenseinheit (= Team) auseinander? Die genannten und die verborgenen!
- Wie lautet ein gemeinsames Oberziel, das alle befürworten können? Das Leitziel inkl. Unterziele!
- Wie sind hierfür Organisationsstrukturen, Prozesse, Menschen und Systeme optimal einzusetzen? Aufbau und Ablauf!
- Wie kann man eine nachhaltige Kulturqualität sicherstellen? Die nicht gekauft wird, sondern von innen heraus lebt!

Bereits vor rund einem halben Jahrhundert bemerkte der jüngst verstorbene Managementprofessor Peter F. Drucker treffend: „Eine intakte Unternehmenskultur ist fast ein Garant für hohe Gewinne“.

Erfolg schafft Erfolg. Erst recht, wenn es Spaß macht.

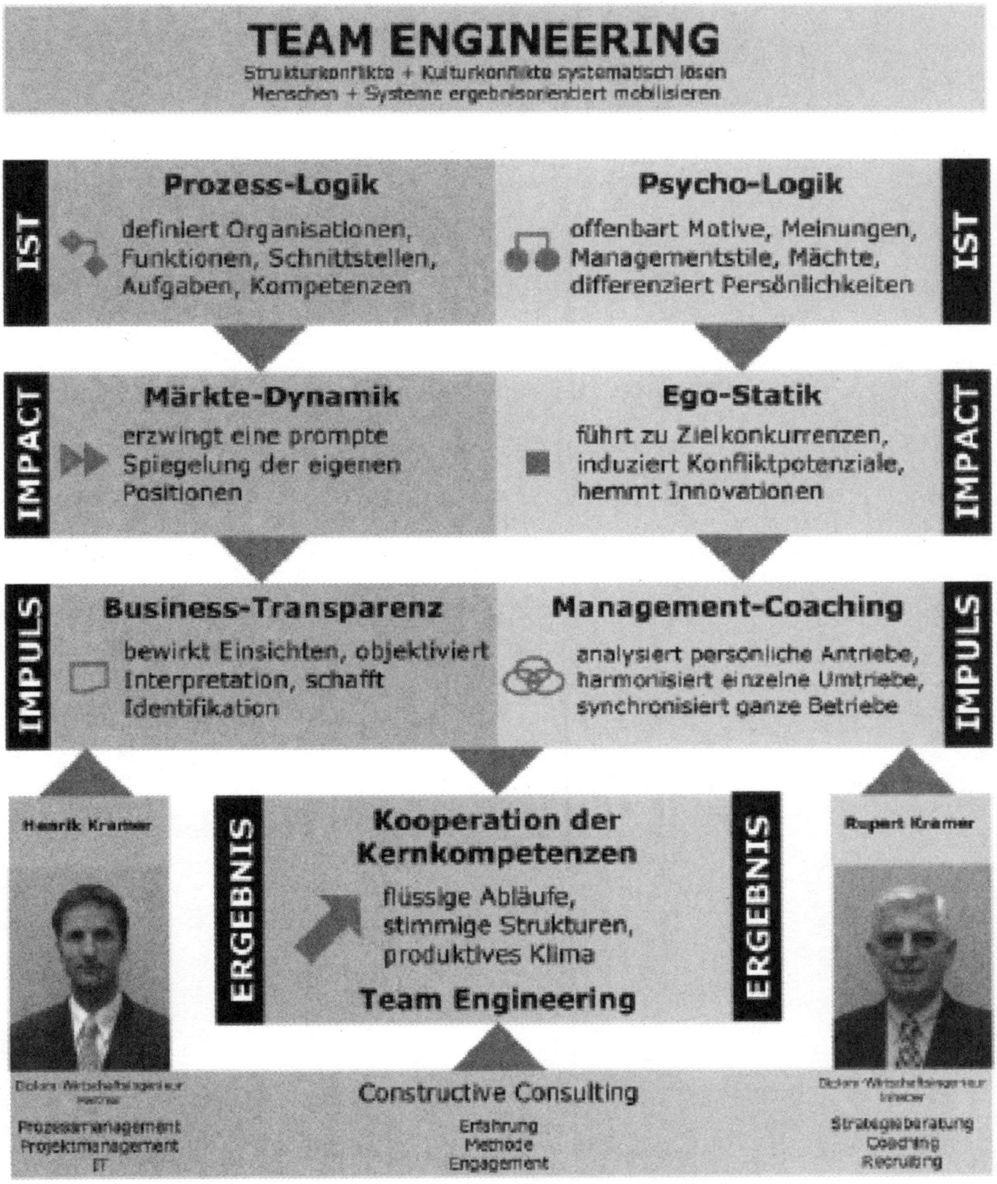

www.Rupert-Kramer-Consulting.de

Stategie • Marketing • Vertrieb • Service • Projektmanagement • IT • Training • Personalberatung • Personalentwicklung • Unternehmernachfolge • M&A